Kaleidoskop des Lebens

Seneca, Epistulae morales

Mit einer Auswahl aus den Dialogen

bearbeitet von
Ursula Leiters

C. C. BUCHNER VERLAG

Lektüreklassiker fürs Abitur

Herausgegeben von Michael Lobe

Heft 7: **Kaleidoskop des Lebens. Seneca, Epistulae morales**
Mit einer Auswahl aus den Dialogen
wurde bearbeitet von Ursula Leiters

1. Auflage, 3. Druck 2021
Alle Drucke dieser Auflage sind, weil unverändert, nebeneinander benutzbar.

Dieses Werk folgt der reformierten Rechtschreibung und Zeichensetzung. Ausnahmen bilden Texte, bei denen künstlerische, philologische oder lizenzrechtliche Gründe einer Änderung entgegenstehen.

Redaktion: Barbara Szlagor
Gestaltung: ideen.manufaktur, Bochum
Druck und Bindung: mgo360 GmbH & Co. KG, Bamberg

www.ccbuchner.de

ISBN 978-3-661-**53057**-4

Inhaltsverzeichnis

Vorwort

Wie kann der Mensch glücklich werden? Das ist die oberste Leitfrage der stoischen Philosophie und damit auch die Senecas in seinen *Epistulae morales ad Lucilium* („Briefe über Ethik an Lucilius"). In diesen Briefen setzt sich Seneca nicht nur theoretisch mit der Lehre der Stoa auseinander, sondern greift im Sinne einer praktischen Lebenshilfe sehr verschiedene Themen aus dem (Alltags-)Leben auf, die uns auch heute noch betreffen oder betreffen können – ein Kaleidoskop des Lebens.

So bieten diese Briefe Ihnen, dem Leser, vielfältige Möglichkeiten: Sie können das Denken antiker Philosophen und ihr Weltbild (sowie einzelne Bereiche des Alltagslebens in der Antike) kennenlernen und sich damit auseinandersetzen, Sie können die bewusste sprachliche Umsetzung von philosophischen Gedanken und Argumenten nachvollziehen und bewerten und Sie können nicht zuletzt eigene Positionen durchdenken oder hinterfragen und persönliche Anregungen erhalten.

Zur Benutzung dieser Ausgabe

Um Ihnen den Zugang zu der Lektüre zu erleichtern, sind den lateinischen Texten deutsche Hinführungen, vertiefende Sachinformationen ◊i sowie Bildmaterial beigegeben. Die den Texten vorangestellten Aufgaben sollen zur Vorentlastung beitragen: Unter **W** wird das Vokabular vorbereitet, oft auch in Form von Wort- und Sachfeldanalysen, unter **G** werden grammatikalische „Stolpersteine" des jeweiligen Textes – im Text hervorgehoben – wiederholt, unter **T** werden Aufgaben zur Textvorerschließung angeboten.

Im Ad-lineam-Kommentar werden schwierigere Vokabeln angegeben und Konstruktionshilfen geboten. Der autorenspezifische Lernwortschatz (LW) findet sich im Anhang.

Die Erschließungsfragen sowie die Sachinformationen sind den Kompetenzbereichen Text ◊, Sprache ◊ und Kultur ◊ zugeordnet.

Das Urteil über Senecas Person ist bis heute umstritten: Wie passt sein riesiger Reichtum zu seinen philosophischen Lehren? Wie konnte er eine solche Machtposition haben und nicht in politische Intrigen und die Verbrechen Neros verwickelt sein? Hat er möglicherweise sogar Nero zum Schlechten hin beeinflusst? Oder konnte er in einem unfreien politischen System nur diesen Weg gehen? Hat er auch als Politiker Gutes für das Reich getan und positiv auf Nero eingewirkt, soweit das ging? Zeugen seine Schriften nicht von Lebenserfahrung und Menschlichkeit, vom Streben nach dem Guten?

Seneca, Doppelherme (3. Jh. n. Chr.), Antikensammlung, Staatliche Museen zu Berlin

Lucius Annaeus Seneca wurde ca. 4 v. Chr. im spanischen Corduba geboren; seine Familie war wohlhabend und gehörte zum Ritterstand, sein Vater war ein berühmter Redelehrer. Dementsprechend erhielt Seneca eine hervorragende rhetorische und politische Ausbildung in Rom, beschäftigte sich aber auch – wie es damals bei vielen in der römischen Oberschicht zum guten Ton gehörte – mit Philosophie. In dieser Zeit lernte er auch die stoische Philosophie kennen, die ihn besonders prägte.

31 n. Chr. begann Seneca mit der Quästur und der Aufnahme in den Senat seine eindrucksvolle politische Karriere, jedoch musste er auch erfahren, dass Erfolg und Ruhm unter der Herrschaft der damaligen Kaiser viele Gefahren mit sich brachten: Caligula (37–41) soll neidisch auf seine Redekunst gewesen sein, vor einem Todesurteil rettete ihn nur, dass man wegen seines schlechten Gesundheitszustandes eh mit seinem Tod rechnete. Durch eine Intrige sorgte Messalina, die Gattin des Kaisers Claudius (41–54), 41 n. Chr. für die Verbannung Senecas nach Korsika. Erst Claudius' nächste Ehefrau Agrippina bewirkte 48 n. Chr. die Begnadigung und seine Rückkehr nach Rom, denn sie hatte ihn als Erzieher und Lehrer ihres elfjährigen Sohnes Nero ausgewählt. Nun setzte Seneca seine politische Karriere sehr schnell fort, er wurde 50 n. Chr. Prätor und 55 n. Chr. Konsul. Nach dem Tod des Kaisers Claudius 54 n. Chr. – bei dem Agrippina zugunsten der Nachfolge ihres leiblichen Sohnes Nero wohl ihre Hände im Spiel hatte – blieb Seneca Erzieher und Berater Neros und beeinflusste zusammen mit Burrus, dem Präfekten der Prätorianergarde, die Politik des Reiches maßgeblich. Nero ließ sich in seinen ersten Herrschaftsjahren von diesen zwei Männern (und von seiner Mutter) leiten.

Offensichtlich nutzte Seneca seinen Erfolg und die Gunst der kaiserlichen Familie auch für eigene Zwecke: Durch Geschenke des Kaisers und durch eigene Geschäfte – u.a. durch die Vergabe von Krediten zu extrem hohen Zinsen – wurde er zu einem der reichsten Männer des römischen Reiches. Er soll ein Vermögen von 300 Mio. Sesterzen angehäuft haben (zum Vergleich: Der Tageslohn eines Legionärs betrug ca. 2,5 Sesterzen).

Sein Schüler Nero zeigte sich in den ersten Jahren seiner Regierung als milder und durchaus erfolgreicher Herrscher. Im Laufe der Zeit suchte er aber immer mehr die Unabhängigkeit von seinen Beratern und beging die ersten Verbrechen, die für seinen späteren, zweifelhaften Ruhm als Tyrann sorgten, der dem Cäsarenwahnsinn anheimgefallen sei: So ließ er nachweislich seine Mutter und seine erste Ehefrau ermorden.

Seneca aber zog sich nach dem Tod des Prätorianerpräfekten Burrus 62 n. Chr. ins Privatleben zurück und widmete sich ganz seiner literarischen Tätigkeit. Nach dem Scheitern der sogenannten Pisonischen Verschwörung gegen den Kaiser 65 n. Chr. wurde Seneca der Mittäterschaft verdächtigt und erhielt den Befehl zur Selbsttötung, dem er Folge leistete.

Seneca war umfassend und vielfältig literarisch tätig, er veröffentlichte Reden (die nicht überliefert sind), Tragödien, kleinere Gedichte, naturwissenschaftliche Abhandlungen, eine Schmähschrift auf Kaiser Claudius, die nach dessen Tod verfasst wurde, und zahlreiche philosophische Schriften, die z.T. nur einem Thema gewidmet sind. Die 124 *Epistulae morales ad Lucilium* und die meisten *Dialogi* (darunter alle in diese Ausgabe aufgenommenen Texte) schrieb er in seiner letzten Lebensphase nach dem Rückzug aus der Öffentlichkeit.

Sprachliche Besonderheiten in Senecas Schriften

Seneca wählt häufig die nicht assimilierte Form von zusammengesetzten Verben und Substantiven (wobei im Wörterbuch die Vokabel unter der assimilierten Form angegeben wird), z. B. *adferre* statt *afferre*, *adsiduus* statt *assiduus*, *inpetrare* statt *impetrare*, *inligare* statt *illigare*. Außerdem verwendet er oft substantivierte Formen von Adjektiven und Partizipien; diese haben dann kein Beziehungswort.

Das Weltverständnis der Stoa

Die Welt ist ein Kosmos, also eine schöne Welt, die zweckmäßig und wohlwollend in Harmonie geordnet ist. Dieser Welt immanent ist eine göttliche Macht, eine Urkraft, ein Prinzip, das alles bestimmt und ordnet. Das Gottesbild der Stoa ist also pantheistisch und impersonal. Diese göttliche Kraft erhält verschiedene Namen, je nachdem, welcher Gesichtspunkt besonders betont werden soll:

- *fatum**: die bestimmende Macht, die alles, was geschieht, nach einem unabänderlichen Gesetz festlegt: Alle Ereignisse sind notwendig durch diese Macht, das Schicksal ist dementsprechend unabänderlich;
- *deus / rector*: die lenkende Macht, die alles wohlwollend und gütig steuert. (Gelegentlich wird diese Macht auch personal als Zeus / Jupiter angesprochen; daneben wird aber auch entsprechend dem Polytheismus manchmal von „Göttern" gesprochen.);
- *ratio* (*griech.*: Logos): Weltvernunft, die alles ordnet und zweckmäßig gestaltet;
- *spiritus*: die belebende, beseelende Kraft.

Makrokosmos und Mikrokosmos

Dieses göttliche Prinzip durchwaltet den gesamten Kosmos, sodass er ordentlich und vernunftgemäß gestaltet ist. Der einzelne Mensch ist ein Abbild dieses Kosmos, er stellt gleichsam einen Mikrokosmos dar, wenn er sein Leben durch die Vernunft lenkt und gestaltet, wenn die *ratio* in ihm - wie in der Welt - die ordnende Macht ist. In der Lehre der Stoa ist der Mensch ein *animal rationale*, ein „vernunftbegabtes Wesen": Die Vernunft ist die besondere Eigenschaft des Menschen, sein *proprium*.

Das Menschenbild der Stoa

Wie auch andere Philosophenschulen (z. B. die Epikureer) stellten sich die Stoiker die Frage: „Wie kann der Mensch glücklich werden oder glücklich leben (*beate vivere*)?" Die wichtigste Maxime als Antwort auf diese Frage, das höchste Gut, ist es, gemäß der Natur bzw. im Einklang mit der Natur zu leben (*secundum naturam vivere*). Eine solche Haltung entspricht dem ethisch Guten, dem *honestum*, und der stoische Weise (*sapiens*) ist dazu in der Lage, sein Leben so zu führen:

Er kann mithilfe seiner Vernunft einsehen, dass auch in der Welt alles vernunftgemäß und geordnet geschieht, und demzufolge sein Schicksal als unabänderlich annehmen, und zwar bereitwillig, ohne sich von Affekten beeinflussen zu lassen. Zu diesen gehören z. B. Schmerz, Mitleid, Neid, Eifersucht, Furcht, Begierde, Hass, Liebe, Zorn, Vergnügungssucht. Sie sind eine unvernünftige, maßlose Regung der Seele und laufen der Natur zuwider. Daher müssen sie als Laster oder Fehler (*vitium*) erkannt und überwunden werden. Der stoische Weise ist also unerschütterlich (*immotus*) und bewahrt stets seine Gemütsruhe, was auch immer passiert.

Die Pflichtenlehre

Da den hohen Anforderungen des Menschenbildes der Stoa viele nicht gewachsen sind, haben die Stoiker zusätzlich eine zweite, praktisch an die Wirklichkeit angepasste Moral entwickelt, in der dargelegt wird, was angemessen ist. Die Pflichten (*officia*) umfassen konkrete Lebensregeln, z. B. soll man für seine Freunde sorgen, sich für den Staat engagieren oder statt der absoluten Weisheit Klugheit und vernünftiges Überlegen üben.

* Sofern sie nicht zum Grundwortschatz gehören, finden Sie die hier genannten zentralen Begriffe der stoischen Philosophie im Lernwortschatz (→ S. 51). Auf diese Vokabeln wird im Ad-lineam-Kommentar nicht mehr verwiesen.

1 Der Umgang mit der Zeit

Dieser Brief dürfte von Seneca aus gutem Grund an die erste Stelle der Sammlung gestellt worden sein. (*Ep. mor.* 1,1–4)

W Untersuchen Sie Z. 1–15 auf Wort- und Sachfelder.

G **Substantivierung von Adjektiven / Partizipien • Indirekte Fragen • Konjunktiv in Relativsätzen**
Übersetzen Sie: *bonum – bona, bonus – boni, nostri, luxuriosus, pugnantes, nihil agentes.*
Interrogas, quid faciam. Sunt, qui tempus perdant.
Dabis mihi aliquem, qui tempus aestimet.

T Stellen Sie aus Z. 2–8 zusammen, welche Arten von Zeitverlust Seneca hier benennt; nutzen Sie dabei auch die auffällige stilistische Gestaltung einzelner Sätze.
Entwickeln Sie anhand von Z. 9–15 Vorerwartungen an den Inhalt mithilfe der Wort-/ Sachfelder und des Schlüsselbegriffs *mors* (*mori*).

Seneca Lucilio suo salutem

Ita fac, mi Lucili, vindica te tibi, et tempus, quod adhuc aut auferebatur aut subripiebatur aut excidebat, collige et serva. Persuade tibi hoc sic esse, ut scribo: Quaedam tempora eripiuntur nobis, quaedam subducuntur, quaedam effluunt. Turpissima tamen est iactura, quae per neglegentiam fit. Et, si volueris attendere, maxima pars vitae elabitur male agentibus, magna nihil agentibus, tota vita aliud agentibus. Quem mihi dabis, qui aliquod pretium tempori ponat, qui diem aestimet, qui intellegat se cottidie mori? In hoc enim fallimur, quod mortem prospicimus: Magna pars eius iam praeterit. Quicquid aetatis retro est, mors tenet. Fac ergo, mi Lucili, quod facere te scribis, omnes horas complectere. Sic fiet, ut minus ex crastino pendeas, si hodierno manum inieceris. Dum differtur, vita transcurrit. Omnia, Lucili, aliena sunt, tempus tantum nostrum est: In huius rei unius fugacis ac lubricae possessionem natura nos misit, ex qua expellit, quicumque vult. Et tanta stultitia mortalium est, ut, quae minima et vilissima sunt, certe reparabilia, imputari sibi, cum inpetravere, patiantur, nemo se iudicet quicquam debere, qui tempus accepit, cum interim hoc unum est, quod ne gratus quidem potest reddere. Interrogabis fortasse, quid ego faciam, qui tibi ista praecipio. Fatebor ingenue: Quod apud luxuriosum, sed diligentem evenit, ratio mihi constat impensae. Non possum dicere nihil perdere, sed quid perdam et quare et quemadmodum, dicam; causas paupertatis meae reddam. (...) Vale.

Lūcīlius → i 1

vindicāre: in Anspruch nehmen

subripere (→ rapere): heimlich entwenden

subdūcere: heimlich wegnehmen
effluere: verrinnen – **iactūra:** Verlust
(animum) **attendere:** achten auf
ēlābī *hier:* entgleiten

pretium pōnere: einen Wert beimessen – **cottīdīe:** täglich
prōspicere: in der Zukunft sehen
retrō: in der Vergangenheit
complectī: umarmen; *hier:* festhalten

ex crāstinō pēndēre: am morgigen Tag hängen – **hodiernus** (diēs): der heutige Tag – **inicere:** legen auf
differre hier: verschieben
K. in + Akk. – **fugāx, ācis:** flüchtig
lūbricus: schlüpfrig, unsicher
possessiō, iōnis → possidēre
reparābilis, e: ersetzbar – **imputāre:** anrechnen – **inpetrāvēre** ~ inpetrāvērunt – *K.* nēmō iudicet sē ... dēbēre – **cum interim:** wobei doch
fatērī: gestehen

ingenuus: frei, offen

ratiō cōnstat *hier:* die Rechnung geht auf – **impēnsa:** Aufwand
K. dicere (mē) ... perdere

1. Erläutern Sie ausgehend von T die sprachlich-stilistische Gestaltung von Z. 2-8 (→ S. 55f.).
2. Fassen Sie Senecas Gedanken zum Tod kurz zusammen (Z. 9-15) und nehmen Sie Stellung dazu.
3. Gliedern Sie den vorliegenden Text; begründen Sie Ihre Gliederung inhaltlich und - wenn möglich - formal durch äußere Merkmale im Text.
4. Vergleichen Sie die Aussage über Zeit in Senecas Brief mit der Vorstellung, die durch die Sonnenuhr (→ Abb.) vermittelt wird.
5. Dieser Brief - als erster der Sammlung - wird oft als programmatisch bezeichnet; erörtern Sie, inwiefern das zutreffen kann.
6. Diskutieren Sie ausgehend von i 2 Vor- und Nachteile der Gattung Brief für philosophische Inhalte.

i 1 Lucilius

Viel ist über den etwa zehn Jahre jüngeren Freund Senecas nicht bekannt: Sein vollständiger Name war Lucilius Iunior, er stammte aus einfachen Verhältnissen, arbeitete sich in den Ritterstand hoch und war politisch tätig, nachweislich als Prokurator auf Sizilien 62/63. Er schrieb auch selbst, wohl u.a. Gedichte.

i 2 Briefliteratur

Die Briefe Senecas sind wohl keine „echten" Briefe, die im Alltag an den Adressaten aus einem bestimmten Anlass geschrieben worden sind, sondern „Kunstbriefe", durch die Seneca seine philosophischen Lehren seinem Freund Lucilius, mit der Veröffentlichung aber auch einer breiteren Öffentlichkeit vermitteln wollte. In der Antike wurde für philosophische Werke auch oft die Form des Dialogs gewählt, in dem entweder gleichberechtigte Gesprächspartner diskutieren oder aber ein philosophisch gelehrter Mann anderen, die ihn fragen, sein Wissen vermittelt.

Sonnenuhr, Abtei Cluny, Frankreich

2 Zwischenmenschliches

2.1 Der Einzelne und die Menge (I)

„Macht der Kontakt mit einer Menschenmasse den Einzelnen schlechter?", fragt Seneca bei einem Gladiatorenkampf. (*Ep. mor.* 7,1–4)

W Klären Sie die Bedeutung folgender „kleiner Wörter": *nondum, certe, nusquam, tam ... quam, tunc, immo, numquam, frustra.*
Entwickeln Sie aus Z. 16–29 ein Sachfeld zu Gladiatorenkämpfen *(spectacula).*

T Informieren Sie sich über die *spectacula*: Tierhetzen, Hinrichtungen, Gladiatorenkämpfe (→ i, Abb.).

G **Gerundivum als Prädikatsnomen bei *esse* • Verschränkung von Relativ-/ Interrogativpron.**
Übersetzen Sie: *Hoc vitandum est. Hoc tibi vitandum est. Existimo hoc tibi vitandum esse. Id est, quod tibi vitandum esse existimo. Quaeris, quid tibi vitandum esse existimem.*

2 Seneca Lucilio suo salutem

Quid tibi vitandum praecipue existimem, quaeris: Turbam. Nondum illi tuto committeris. Ego certe confitebor inbecillitatem meam: Numquam mores, quos extuli, refero. Aliquid ex eo, quod composui, turbavi; aliquid ex is, quae fugavi, redit. Quod aegris evenit, quos longa inbecillitas usque eo adfecit, ut nusquam sine offensa proferantur, hoc accidit nobis, quorum animi ex longo morbo reficiuntur. Inimica est multorum conversatio: Nemo non aliquod nobis vitium aut commendat aut inprimit aut nescientibus adlinit. Utique quo maior est populus, cui miscemur, hoc periculi plus est. Nihil vero tam damnosum bonis moribus quam in aliquo spectaculo desidere: Tunc enim per voluptatem facilius vitia subrepunt. Quid me existimas dicere? Avarior redeo, ambitiosior, luxuriosior, immo vero crudelior et inhumanior, quia inter homines fui. Casu in meridianum spectaculum incidi lusus exspectans et sales et aliquid laxamenti, quo hominum oculi ab humano cruore adquiescant: Contra est. Quicquid ante pugnatum est, misericordia fuit; nunc omissis nugis mera homicidia sunt: Nihil habent, quo tegantur. Ad ictum totis corporibus expositi numquam frustra manum mittunt. Hoc plerique ordinariis paribus et postulaticiis praeferunt. Quidni praeferant? Non galea, non scuto repellitur ferrum. Quo munimenta? Quo artes? Omnia ista mortis morae sunt. Mane leonibus et ursis homines, meridie spectatoribus suis obiciuntur. Interfectores interfecturis iubent obici et victorem in aliam detinent caedem; exitus pugnantium mors est: Ferro et igne res geritur. Haec fiunt, dum vacat harena.

tūtō (Adv.): sicher, ohne Schaden
committī *hier:* sich anvertrauen, sich mischen unter – **cōnfitērī:** gestehen
efferre: *gemeint ist aus dem Haus auf die Straße* – **īs** ~ iis – **fugāre:** vertreiben – **ūsque eō:** so weit, so sehr – **nusquam** *hier:* nie – **offēnsa:** Rückfall – **prōferre:** *gemeint ist ebenfalls aus dem Haus* – **reficī:** sich erholen – **conversātiō, ōnis** (+ Gen.): Umgang mit – **commendāre:** empfehlen – **adlinere:** anhängen
utique: gewiss – **quō ... hōc** (+ Komp.): je ... desto – **damnōsus:** schädlich – **dēsidere:** sich setzen, sich niederlassen – **subrēpere:** sich einschleichen – **lūxuriōsus:** LW1
casū (Adv.): zufällig – **merīdiānus:** mittäglich, Mittags- – **lūsus, ūs** m: Spielerei, Scherz – **sāl, salis:** Salz, *hier:* Witz – **laxāmentum:** Entspannung – **cruor, ōris:** Blut – **nūgae, ārum** f Pl.: Possen, Kleinigkeiten
merus: rein – **homicīdium:** Mord
habent: *erg. als Subj. „die Kämpfer"*
tegere: schützen, decken – **ictus, ūs** m: Schlag, Hieb – **expōnere ad:** ausliefern – **frūstrā:** vergeblich
ordināriī pārēs et pōstulāticiī: reguläre und spezielle Kampfpaare → i – **galea:** Helm – **scūtum:** Schild
quō *hier:* wozu – **mūnīmentum:** Deckung – **māne:** früh morgens
leō, ōnis: Löwe – **ursus:** Bär
merīdiē: mittags – **obicere:** vorwerfen
interfectūrī: zukünftige Mörder
dētinēre: aufheben, aufsparen
īgnis, is: Feuer – **(h)arēna:** Arena, Sand

1. Erklären Sie den Vergleich zwischen „uns“ (*nobis*) und den Kranken (Z. 6–8).
2. Untersuchen Sie, wie Seneca in Z. 1–12 die Schädlichkeit der Masse sprachlich und stilistisch hervorhebt (→ S. 55f.).
3. a) Fassen Sie zusammen, wie sich das Mittagsschauspiel, das Seneca hier beschreibt (Z. 16–29), von der „Normalität“ unterscheidet.
   b) Beschreiben Sie, wie diese Besonderheiten von Seneca stilistisch unterstrichen werden. Suchen Sie dazu auch ironische Formulierungen aus dem Text (→ S. 55f.).

Gladiatoren

Es gab verschiedene Gladiatorentypen, deren Bewaffnung und Rüstung genau festgelegt waren. So gab es z. B. den *eques*, einen Kämpfer zu Pferde mit Lanze, Schwert, kleinem Rundschild und leichtem Helm; der *provocator* („Herausforderer“) war mit großem Schild, Brustpanzer, linker Beinschiene, kammlosem Visierhelm und Kurzschwert ausgestattet, der *secutor* („Verfolger“) hatte einen großen, gewölbten Legionärsschild, links eine Beinschiene und Kurzschwert sowie einen Helm mit charakteristischer Form. Massenkämpfe mit ausgebildeten Gladiatoren in der Arena waren die Ausnahme (auch eine Kostenfrage für den Veranstalter); meist wurden Kämpferpaare gebildet. Dabei waren offenbar bestimmte Kombinationen üblich: In der Regel kämpften die Gladiatoren gegen eine andere Waffengattung, teilweise aber auch gegen die gleiche Bewaffnung. Der *retiarius* („Netzkämpfer“ mit Netz, Dreizack, Dolch, linkem Armschutz und Schulterschiene) wurde z. B. erst im 1. Jh. n. Chr. „erfunden“, war beim Publikum sehr schnell beliebt und kämpfte immer gegen andere Waffengattungen.

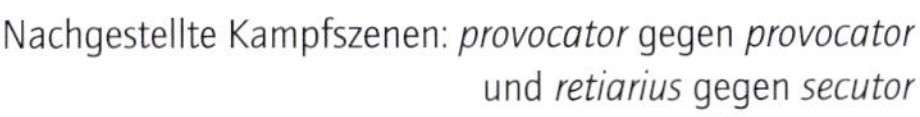

Nachgestellte Kampfszenen: *provocator* gegen *provocator* und *retiarius* gegen *secutor*

2 Zwischenmenschliches

2.1 Der Einzelne und die Menge (2)

Wie kann der Einzelne heil aus der Falle des Gladiatorenschauspiels entkommen? (*Ep. mor.* 7,5-8)

W Führen Sie folgende Fremdwörter auf ihren lateinischen Ursprung zurück: Nudist, Intellekt, Dozent, Exempel, simpel, Imitation, exzeptionell, Rezession.

T Informieren Sie sich über die in Z. 12f. genannten Vorbilder Sokrates, Cato und Laelius (→ i).

G **Konjunktiv in Hauptsätzen • *necesse est* mit Konjunktiv**
Übersetzen Sie: *Homines ictus excipiant. Id facere possem / potuissem. Ne malus fias. Occidantur homines. Necesse est (ut) pareas. Necesse est imiteris.*

3 „Sed latrocinium fecit aliquis, occidit hominem". Quid ergo? Quia occidit, ille meruit, ut hoc pateretur: Tu quid meruisti miser, ut hoc spectes? „Occide, verbera, ure! Quare tam timide incurrit in ferrum? Quare parum audacter occidit? Quare parum libenter moritur?" Plagis agitur in vulnera. „Mutuos ictus nudis et obviis pectoribus excipiant." Intermissum est spectaculum. „Interim iugulentur homines, ne nihil agatur." Age, ne hoc quidem intellegitis mala exempla in eos redundare, qui faciunt? Agite dis immortalibus gratias, quod eum docetis esse crudelem, qui non potest discere. Subducendus populo est tener animus et parum tenax recti: Facile transitur ad plures. Socrati et Catoni et Laelio excutere morem suum dissimilis multitudo potuisset: Adeo nemo nostrum, qui cum maxime concinnamus ingenium, ferre impetum vitiorum tam magno comitatu venientium potest. Unum exemplum luxuriae aut avaritiae multum mali facit: Convictor delicatus paulatim enervat et mollit, vicinus dives cupiditatem inritat, malignus comes quamvis candido et simplici rubiginem suam adfricuit; quid tu accidere his moribus credis, in quos publice factus est impetus? Necesse est aut imiteris aut oderis. Utrumque autem devitandum est: Neve similis malis fias, quia multi sunt, neve inimicus multis, quia dissimiles sunt. Recede in te ipse, quantum potes; cum his versare, qui te meliorem facturi sunt, illos admitte, quos tu potes facere meliores: Mutuo ista fiunt, et homines, dum docent, discunt.

latrōcinium: Raub
merēre: verdienen
verberāre: verprügeln
ūrere: verbrennen

plāga: Schlag
agitur in: man treibt sie zu
mūtuus: gegenseitig – **ictus, ūs** m: Schlag – **obvius** *hier:* ungeschützt
intermittere: unterbrechen
iugulāre: abstechen, die Kehle durchschneiden – **age:** nun denn
redūndāre in *hier:* zurückfallen auf
dīs = deīs – **subdūcere:** entziehen
tener, a, um: zart – **tenāx rēctī:** fest im Rechten/Guten – **Sōcratēs, is; Catō, ōnis; Laelius** → i
K. dissimilis multitūdō Sōcrati et ... mōrem suum excutere potuisset
excutere: austreiben, zerstören
cum maximē: ganz besonders
concinnāre: bilden – **comitātus, ūs** m: Begleitung – **convīctor, ōris:** Tischgenosse – **dēlicātus:** verwöhnt, wählerisch – **ēnervāre:** schwächen
mollīre: verweichlichen – **vīcīnus:** Nachbar – **inrītāre:** reizen, hervorrufen – **malīgnus:** böswillig
comes, itis: Begleiter – **candidus:** weiß, rein – **rūbīgō, inis:** Schlechtigkeit – **adfricāre** (+ Akk.): anstecken mit – *K.* adfricuit *(gnom. Perf.,) übersetze mit Präs.* – **dēvītāre** ~ vītāre: LW2 – **versārī cum:** verkehren mit – **factūrī sunt** ~ facient
mūtuō (Adv.): gegenseitig

1. Erarbeiten Sie die Funktion von Z. 1-11 für den Gedankengang des Briefes und untersuchen Sie, inwiefern der Abschnitt neue Aspekte für das Thema bringt. Erklären Sie dabei auch, welche Wirkung der Einsatz des *fictus interlocutor* (→ i 2) hat.
2. Erörtern Sie, inwiefern die Abbildung den Inhalt dieser Zeilen veranschaulicht.
3. Erläutern Sie die Funktion der historischen Beispiele in Z. 12f.
4. Paraphrasieren Sie Senecas Argumentation, wieso man sich als Einzelner nicht unter die Masse begeben sollte.
5. Nehmen Sie aus Ihrer eigenen Sicht Stellung zu Senecas Ratschlag, mit wem man Umgang haben sollte (Z. 22-26).
6. Verfassen Sie eine persönliche Stellungnahme zu Senecas Beurteilung der Gladiatorenkämpfe (beachten Sie dabei, dass er hier nur die „Mittagspause" beschreibt) und zu den Gladiatorenkämpfen generell.

i 1 Historische Vorbilder

Sokrates: bedeutender attischer Philosoph, Lehrer Platons, folgte strikt seinen Maximen, z. B. „Lieber Unrecht erleiden als Unrecht tun", selbst als er 399 v. Chr. von einem attischen Gericht zum Tode verurteilt wurde.
Marcus Porcius Cato Uticensis: Cäsargegner, Stoiker; nahm sich nach Cäsars Sieg bei Thapsus 46 v. Chr. lieber das Leben, als den Sieger um Gnade zu bitten und damit seine Überzeugungen aufzugeben. Er zeigte sich – ähnlich wie sein Vorbild Sokrates – standhaft und furchtlos angesichts des Todes.
Gaius Lucius Laelius: Stoiker und Politiker, enger Freund Scipios des Jüngeren; verbreitete im 2. Jh. v. Chr. in Rom die stoische Lehre und wurde oft als *sapiens* bezeichnet.

Hinrichtung im Amphitheater, Mosaik aus einer römischen Villa (3. Jh. n. Chr.), Tripolitanien, Libyen

i 2 *Fictus interlocutor*

Der *fictus interlocutor* ist ein rhetorischer Kunstgriff: Ein gedachter Gesprächspartner wird eingeführt, der Einwände gegen die Argumentation des Sprechers bzw. Autors vorbringt.

2.2 Freundschaft

Was macht einen wahren Freund aus? Seneca beantwortet diese Frage in einer Situation, als er von seinem Freund Lucilius getrennt ist. (*Ep. mor.* 35)

W Klären Sie die Bedeutung folgender „kleiner Wörter", achten Sie dabei auf deren Mehrdeutigkeit: *tantum, quo, hic, quidem, ne ... quidem, quod, an, ut, cum, ne.*
Führen Sie folgende englische Wörter auf ihren lateinischen Ursprung zurück: *fruit, absent, presence, experience, observation, mutable, indicate, voluntary.*

G **AcI der Nachzeitigkeit • *Genitivus partitivus* • Pronomina / Adjektive im Neutrum Pl. ohne Bezugswort**
Übersetzen Sie: *Puto nos laetos fore / futuros esse. Spero te rediturum (esse). Sermo aliquid voluptatis adfert. Haec mihi placent. Omnia mihi placent.*

T Klären Sie mithilfe eines Wörterbuchs das Bedeutungsspektrum von *proficere* und informieren Sie sich über den Begriff *proficiens* (→ i).

4 Seneca Lucilio suo salutem

Cum te iam valde rogo, ut studeas, meum negotium ago; habere amicum volo, quod contingere mihi, nisi pergis, ut coepisti, excolere te, non potest. Nunc enim amas me, amicus non es. „Quid ergo? Haec inter se diversa sunt?" Immo dissimilia. Qui amicus est, amat; qui amat, non utique amicus est; itaque amicitia semper prodest, amor aliquando etiam nocet. Si nihil aliud, ob hoc profice, ut amare discas. Festina ergo, dum mihi proficis, ne istuc alteri didiceris. Ego quidem percipio iam fructum, cum mihi fingo uno nos animo futuros et, quidquid aetati meae vigoris abscessit, id ad me ex tua, quamquam non multum abest, rediturum; sed tamen re quoque ipsa esse laetus volo. Venit ad nos ex iis, quos amamus, etiam absentibus gaudium, sed id leve et evanidum. Conspectus et praesentia et conversatio habet aliquid vivae voluptatis, utique si non tantum, quem velis, sed, qualem velis, videas. Adfer itaque te mihi, ingens munus, et quo magis instes, cogita te mortalem esse, me senem. Propera ad me, sed ad te prius. Profice et ante omnia hoc cura, ut constes tibi. Quotiens experiri voles, an aliquid actum sit, observa, an eadem hodie velis, quae heri; mutatio voluntatis indicat animum natare, aliubi et aliubi apparere, prout tulit ventus. Non vagatur, quod fixum atque fundatum est. Istud sapienti perfecto contingit, aliquatenus et proficienti provectoque. Quid ergo interest? Hic commovetur quidem, non tamen transit, sed suo loco natat; ille ne commovetur quidem. Vale.

K. habēre amīcum volō, quod contingere mihī nōn potest, nisi pergis tē excolere, ut coepistī
pergere: weitermachen – **excolere:** entwickeln, bilden – **immō:** LW2
utique: zwingend, gewiss
sī nihil aliud, ob hoc: wenn zu keinem anderen Zweck, dann dazu
festināre: eilen, sich beeilen
istuc ~ istud – **percipere:** erhalten, erlangen – **sibi fingere:** sich vorstellen – *K.* nōs ūnō animā futūrōs (esse) – **vigor, ōris:** Kraft, Energie – *K.* quidquid vigōris ... abscessit – *K.* tuā (aetāte) ... reditūrum (esse)

ēvānidus: flüchtig
conversātiō, ōnis: Umgang
voluptās, ātis: LW2 – **utique:** besonders
instāre *hier:* sich bemühen
prius (Adv.): vorher, zuerst
cōnstāre sibi: konsequent sein
agere *hier:* schaffen, vollbringen
herī: gestern – **natāre:** schwanken
aliubī et aliubī: bald hier, bald dort
prout: je nachdem – **ventus:** Wind
vagārī: umherschweifen
fīxus: befestigt – **fundātus:** fest verankert – **aliquātenus:** bis zu einem gewissen Grad – **prōvehere, -vehō, -vectus sum:** fortschreiten

1. Erläutern Sie Senecas Unterscheidung zwischen *amicitia* und *amor* (Z. 4–8) sowie die Funktion der sprachlich-stilistischen Gestaltung dieser Passage (→ S. 55f.).
2. Überprüfen Sie, inwiefern diese Passage Gedanken aus Text 3, Z. 22–26, aufgreift.
3. a) Nehmen Sie Stellung zu Senecas Vorstellung von Freundschaft.
   b) Vergleichen Sie diese mit dem im Cartoon thematisierten Freundschaftsbegriff.
4. a) Erklären Sie die Bedeutung der Formulierung *re ipsa* (Z. 13) unter Berücksichtigung der Wendung *cum mihi fingo* und finden Sie eine treffende Übersetzung.
   b) Paraphrasieren Sie die Aussage der Z. 13–19 und erläutern Sie, wie die sprachlich-stilistische Gestaltung sie unterstreicht (→ S. 55f.).
5. Beschreiben Sie den Unterschied zwischen dem stoischen Weisen und einem „normalen" Menschen wie Lucilius (Z. 19–27, → i).
6. Benennen Sie anhand der bisher gelesenen Texte typische Elemente der Gattung Brief.

i *Proficiens*

Die alte Stoa eines Chrysipp unterschied streng zwischen zwei Typen von Menschen: dem Narren ohne jegliche philosophische Bildung (*morus*) und dem vollendeten Weisen (*sapiens*). Als die stoische Schule Konkurrenz durch Epikurs Lehre bekam, erfand die sog. „mittlere Stoa" als Bindeglied zwischen Narr und Weisem den *proficiens*, den Menschen, der Fortschritte auf dem Weg vom Narren hin zum Weisen macht. Mit diesem neugeschaffenen Typus des Weisheitssuchers konnten viele Menschen für die Stoa zurückgewonnen werden.

2.3 Sklaverei (1)

Seneca äußert ungewöhnliche Gedanken über den Umgang mit Sklaven.
(*Ep. mor.* 47,1-2a; 10-11)

W Stellen Sie aus Z. 1-16 Vokabeln zusammen, die etwas über das Verhältnis von Sklaven und Freien aussagen.

T Informieren Sie sich über die Varus-Schlacht (→ i).

G **Gen. qualitatis • doppelter Akk.**
Übersetzen Sie: *Ille fuit homo magnae virtutis, sed miserae fortunae. Vocasne istum servum tuum? Tu illum ingenuum videre potes, etsi multi id turpe existimant.*

5 Seneca Lucilio suo salutem

Libenter ex iis, qui a te veniunt, cognovi familiariter te cum servis tuis vivere. Hoc prudentiam tuam, hoc eruditionem decet. „Servi sunt.“ Immo homines. „Servi sunt.“ Immo contubernales. „Servi sunt.“ Immo humiles amici. „Servi sunt.“ Immo conservi, si cogitaveris tantundem in utrosque licere fortunae. Itaque rideo istos, qui turpe existimant cum servo suo cenare.

libēns: LW3

decēre (+ Akk.): sich ziemen für, passen zu – **immō:** LW2
contubernālis, is: Hausgenosse
humilis, e *hier:* von niedrigem (gesellschaftlichem) Rang
cōn-servus – **tantundem:** ebensoviel
utrīque: LW3 – **turpis:** LW1
exīstimāre: LW2 – **cēnāre:** speisen

An vielen Beispielen lässt sich nachweisen, wie schlecht viele Herren ihre Sklaven bei Mahlzeiten behandeln: Sie müssen oft unnütze Dinge tun, immer zur Verfügung stehen und dürfen nicht einmal einen Laut von sich geben, während der Herr sein ausschweifendes Leben genießt.

Vis tu cogitare istum, quem servum tuum vocas, ex isdem seminibus ortum eodem frui caelo, aeque spirare, aeque vivere, aeque mori! Tam tu illum videre ingenuum potes quam ille te servum. Variana clade multos splendidissime natos, senatorium per militiam auspicantes gradum, fortuna depressit, alium ex illis pastorem, alium custodem casae fecit; contemne nunc eius fortunae hominem, in quam transire, dum contemnis, potes.
Nolo in ingentem me locum immittere et de usu servorum disputare, in quos superbissimi, crudelissimi, contumeliosissimi sumus. Haec tamen praecepti mei summa est: Sic cum inferiore vivas, quemadmodum tecum superiorem velis vivere. Quotiens in mentem venerit, quantum tibi in servum liceat, veniat in mentem, tantundem in te domino tuo licere.

īsdem = iīsdem
sēmen, inis: Same – **spīrāre:** atmen
ingenuus: frei – **Vāriānus:** *Adj. zu* Vārus → i – **clādēs, is:** Niederlage
splendidissimē nātus: von glänzendster Abstammung
senātōrius gradus, ūs m: Senatorenrang – **mīlitia:** Kriegsdienst – **auspicārī** *hier:* anstreben
pāstor, ōris: Hirte – **casa:** Hütte
sē immittere in locum: sich auf ein Gebiet einlassen
contumēliōsus: schändlich
summa: Hauptsache – **īnferior:** niedriger gestellt

quotiēns: LW4

tantundem: s. Z. 6

1. Arbeiten Sie den Gedankengang des Textes heraus. Erklären Sie dabei auch, wer in den Z. 4–6 spricht.
2. Arbeiten Sie heraus, wie Seneca das Verhältnis von Sklaven und Freien stilistisch unterstreicht (→ S. 55f.).
3. Zeigen Sie, wie Seneca das Beispiel der Varus-Schlacht für seine Argumentation nutzbar macht.
4. Informieren Sie sich ausgehend von den Abbildungen über die Sklaverei in der römischen Antike. Berücksichtigen Sie dabei folgende Aspekte: Wege, wie man Sklave wurde, rechtliche Stellung und Einsatzgebiete von Sklaven, Formen des Widerstandes.

Die Varus-Schlacht

Mit dem Namen des Publius Quinctilius Varus ist eine traumatische Niederlage der Römer verbunden: Im Jahre 9 n. Chr. wurden drei Legionen samt Hilfstruppen und Tross – etwa ein Achtel des gesamten damaligen römischen Heeres – unter seiner Führung im rechtsrheinischen Gebiet von mehreren germanischen Stämmen aufgerieben: Die Germanen ließen sich nicht auf eine offene Feldschlacht ein, sondern griffen den langen Heereszug der Römer in sumpfigem, schwer zugänglichem Gebiet immer wieder an verschiedenen Stellen an. Sie folgten dem Oberbefehl des Cheruskers Arminius, der sogar zuvor in den Hilfstruppen des römischen Heeres gedient und Varus über seine Treue getäuscht hatte. Unter dem Eindruck dieser Niederlage gaben die Römer zeitweilig ihre Pläne auf, eine rechtsrheinische germanische Provinz zu errichten.

Fesselung von Kriegsgefangenen, Trajanssäule, Ausschnitt aus dem Reliefband mit Szenen der Dakerkriege (113 n. Chr.), Rom

Plakette eines entlaufenen Sklaven (4. Jh. n. Chr.), Musée des Beaux-Arts de la Ville, Paris

2.3 Sklaverei (2)

Im Folgenden verteidigt Seneca seine liberale Einstellung gegenüber Sklaven. (*Ep. mor.* 47,12-13; 17-19a)

W Sammeln Sie aus dem Text Wörter oder Formulierungen, die ein freundliches Verhalten gegenüber den Sklaven oder das Gegenteil ausdrücken und andere Arten von Sklaverei bei rechtlich Freien kennzeichnen.

T Recherchieren Sie zu den in Z. 2f. genannten Personen und stellen Sie kurz dar, wieso sie gemeinsam in diesem Satz genannt werden.

G **Abl. comparationis • Ellipsen von *esse* • Auslassungen in Parallelismen**
Übersetzen Sie: *Nulla servitus turpior est quam voluntaria. Nihil hac re turpius (est).*
Nennen Sie die nötige Ergänzung bei *qua Croesus* (Z. 3), *nihil ... humilius* (Z. 6f.), *alius avaritiae* (Z. 10f.), *ancillulae divitem* (Z. 12).

6 „At ego,“ inquis, „nullum habeo dominum.“ Bona aetas est; forsitan habebis. Nescis, qua aetate Hecuba servire coeperit, qua Croesus, qua Darei mater, qua Platon, qua Diogenes? Vive cum servo clementer, comiter quoque, et in sermonem illum admitte et in consilium et in convictum. Hoc loco adclamabit mihi tot manus delicatorum: „Nihil hac re humilius, nihil turpius.“ Hos ego eosdem deprehendam alienorum servorum osculantes manum.

forsitan: vielleicht
convīctus, ūs m: Gesellschaft, Zusammenleben
tot (*indekl.*): so viele - **dēlicātus** *hier:* genusssüchtig, verwöhnt
turpis: LW1 - **aliēnus:** LW1
ōsculārī: küssen → i 2

Auch unsere Vorfahren behandelten die Sklaven ohne Gehässigkeit und Kränkungen. Den Herrn nannte man dementsprechend *pater familiae*, die Sklaven Hausgenossen. Man soll allerdings ebenso wenig wie allen Freien allen Sklaven Vorrechte einräumen und mit ihnen umgehen, sondern sie nach ihrem Charakter auswählen. Dann aber kann man Freunde auch unter den Sklaven finden.

„Servus est.“ Sed fortasse liber animo. „Servus est.“ Hoc illi nocebit? Ostende, quis non sit; alius libidini servit, alius avaritiae, alius ambitioni, omnes timori. Dabo consularem aniculae servientem, dabo ancillulae divitem, ostendam nobilissimos iuvenes mancipia pantomimorum. Nulla servitus turpior est quam voluntaria. Quare non est, quod fastidiosi isti te deterreant, quominus servis tuis hilarem te praestes et non superbe superbiorem; colant potius te quam timeant. (...) Rectissime ergo facere te iudico, quod timeri a servis tuis non vis, quod verborum castigatione uteris: Verberibus muta admonentur.

nocēre: LW4
cōnsulāris, is: ehemaliger Konsul
anicula: altes Weib - **ancillula:** Dienerin, Sklavin - **mancipium:** Beute, Sklave - **pantomīmus:** Pantomime → i 2 - **turpis:** LW1
voluntārius: freiwillig - **fastīdiōsus:** blasiert, wählerisch - **dēterrēre:** abschrecken - **quōminus** (+ Konj.): dass nicht - **sē praestāre:** sich zeigen - **rēctus:** LW3
castīgātiō, ōnis: Strafe
verbera, um n Pl.: Schläge
mūtum *hier:* Tier → i 1

1. Stellen Sie die Argumente der Gegner zusammen und paraphrasieren Sie Senecas jeweilige Entgegnung.
2. Analysieren Sie die stilistische Gestaltung von Z. 1–8 (→ S. 55f.).
3. Erläutern Sie anhand von Z. 9–14, inwiefern alle Menschen Sklaven sind, und vergleichen Sie diese Passage mit dem Beginn von Text 5.
4. Benennen Sie das Stilmittel und beschreiben Sie die Wirkung dieser Wortwahl: *superbe superbiorem* (Z. 16), *verborum castigatione ... verberibus* (Z. 18) (→ S. 55f.).
5. Erörtern Sie die Argumente Senecas für eine freundliche und gute Behandlung der Sklaven (Text 5 und 6) und nehmen Sie kritisch Stellung dazu vor dem Hintergrund der historischen Umstände seiner Zeit (→ i 1) und aus heutiger Sicht.

i 1 Antike Positionen zur Sklaverei

Varro führt in einem Lehrwerk über die Landwirtschaft aus, es gebe drei Arten von *instrumenta*: die Stummen (*muta*), die, die Laute von sich geben können (*semivocalia*), und die, die Worte sprechen könnten (*vocalia*). Letztere müssten so behandelt werden, dass ihre Arbeitskraft möglichst gut erhalten bleibe und sie z. B. durch eine eigene Familie an das Landgut gebunden würden.

Plinius der Jüngere beschreibt in verschiedenen Briefen, dass er durch Krankheits- und Todesfälle unter seinen Sklaven und Freigelassenen emotional sehr betroffen sei, sich um sie sorge und ihnen auch besondere Dinge erlaube, z. B. dass sie bei ihm Testamente machen dürften, an die er sich halte. Er missbilligt eine willkürliche, grausame Behandlung der Sklaven, die nur dazu führe, dass sie für den Herrn gefährlich würden. Eine gute, freundliche Behandlung der Sklaven zeuge von der Bildung und Menschlichkeit des Herrn.

Der **Apostel Paulus** schickt einen entlaufenen Sklaven, Onesimus, zu dessen christlichem Herrn Philemon zurück, gibt ihm aber einen Brief an den Herrn mit: Der Sklave sei inzwischen auch ein Christ, habe Paulus gute Dienste geleistet und zeige Reue. Paulus bitte nun Philemon im Sinne des Christentums, Onesimus gnädig als Sklaven wieder aufzunehmen.

i 2 Was für Sitten ... Einblicke in die römische Gesellschaft

- In der Kaiserzeit konnten Sklaven oder Freigelassene, die das Vertrauen des Kaisers besaßen, eine besondere Stellung erhalten, die selbst Senatoren dazu veranlasste, Bittsteller bei ihnen zu werden. Auch andere Sklaven gewannen durch Geschenke oder die besondere Gunst ihres Herrn / ihrer Herrin – auch durch ein (homo-)sexuelles Verhältnis – sehr viel Einfluss und / oder Reichtum; oft wurden sie spätestens im Testament freigelassen.
- Die Pantomime, eine Mischung aus Tanz und Gestik / Mimik, war in der Kaiserzeit eine sehr beliebte Kunstgattung; die Schauspieler waren in der Regel Sklaven oder Freigelassene, die trotz ihrer hohen Kunstfertigkeit oft als moralisch verdorben beurteilt wurden; vielen wurden Affären (auch homosexueller Art) mit Freien nachgesagt.

2.4 Politisches Engagement

Soll man sich politisch betätigen oder lieber zurückgezogen leben? Seneca erläutert seine Meinung zur *vita activa* und *vita contemplativa* („beschauliches Leben"). (*De otio* 3,2–4,1)

W Sammeln Sie aus Z. 26–34 die Wörter, die darauf hinweisen, dass Seneca hier von zwei Arten des Staates spricht, und Schlüsselbegriffe, die die beiden Staaten charakterisieren.

T Informieren Sie sich vorab über Epikur und den Stoiker Zenon (→ i)

G **PFA als PC • Relative Verschränkung**
Übersetzen Sie: *Sapiens hominibus profuturus ad rem publicam accedit. Sapiens nihil profuturus non accedet. Parat aliquid aliis profuturum.*
Sapiens iter inhabile (esse) sciet. Sapiens iter, quod inhabile sciet, non accedet.

7 Duae maxime et in hac re dissident sectae Epicureorum et Stoicorum, sed utraque ad otium diversa via mittit. Epicurus ait: „Non accedet ad rem publicam sapiens, nisi si quid intervenerit." Zenon ait: „Accedat ad rem publicam, nisi si quid impediet."

Alter otium ex proposito petit, alter ex causa. Causa autem illa late patet: Si res publica corruptior est, quam ut adiuvari possit, si obscurata est malis, non nitetur sapiens in supervacuum nec se nihil profuturus impendet; si parum habebit auctoritatis aut virium nec illum erit admissura res publica, si valetudo illum impediet, quomodo navem quassam non deduceret in mare, quomodo nomen in militiam non daret debilis, sic ad iter, quod inhabile sciet, non accedet.

Potest ergo et ille, cui omnia in integro sunt, antequam ullas experiatur tempestates, in tuto subsistere et protinus commendare se bonis artibus et illibatum otium exigere virtutum cultor, quae exerceri etiam quietissimis possunt. Hoc nempe ab homine exigitur, ut prosit hominibus; si minus, proximis; si minus, sibi. Nam, cum se utilem ceteris efficit, commune agit negotium: quomodo, qui se deteriorem facit, non sibi tantummodo nocet, sed etiam omnibus iis, quibus melior factus prodesse potuisset, sic, quisquis bene de se mereretur, hoc ipso aliis prodest, quod illis profuturum parat.

Duas res publicas animo complectamur: alteram magnam et vere publicam, qua dii atque homines continentur, in qua non ad hunc angulum respicimus aut ad illum, sed terminos civitatis nostrae cum sole metimur; alteram, cui nos ascripsit condicio nascendi (haec aut Atheniensium erit aut

dissidēre: uneinig sein, widersprechen – **secta:** (Philosophen)schule **uterque:** LW3 – *K.* utraque (secta) diversā viā ad otium mittit **Epicūrus** → i – **accēdere ad rem pūblicam:** sich politisch betätigen **Zēnōn, ōnis** → i

lātē patēre *hier:* einen weiten Spielraum haben – **corruptus:** verdorben, korrupt – **quam ut:** als dass – **obscūrāre:** verdunkeln, verhüllen – **malum:** LW3 – **in supervacuum:** überflüssigerweise, unnötigerweise – **parum:** LW3 **sē impendere:** sich aufopfern *K.* admissūra est ~ admittet **quassus:** geborsten, leck – **mīlitia:** Militärdienst – **dēbilis, e:** schwach **inhabilis, e:** nicht gangbar, schwer zu gehen – **in integrō:** in unversehrtem Zustand – **experīrī:** FW **subsistere:** haltmachen, stehen bleiben – **prōtinus** (Adv.): sofort **sē commendāre:** sich anvertrauen, sich hingeben – **illībātus:** unvermindert, ungeschmälert – **cultor, ōris** → colere – *K.* quiētissimīs (temporibus) **nempe:** freilich, allerdings **dēterior, ius:** schlechter, geringer **tantummodo** ~ tantum *bzw.* modo **nocēre:** LW4

complectārī: erwägen, betrachten **diī** ~ deī – **angulus:** Winkel **terminus:** Ende, Grenze **mētīrī:** messen – **ascrībere:** zuschreiben, zuweisen

Athēniēnsēs, ium: Athener

Carthaginiensium aut alterius alicuius urbis), quae non ad omnes pertinent homines, sed ad certos. Quidam eodem tempore utrique rei publicae dant operam, maiori minorique; quidam tantum minori, quidam tantum maiori.

Carthāginiēnsēs, ium: Karthager *(Einwohner von Karthago, Stadt in Nordafrika)*
uterque: LW3

1. Erklären Sie den Satz: *Alter otium ex proposito petit, alter ex causa* (Z. 6, → i).
2. Fassen Sie zusammen, welche Gründe die Stoiker dafür akzeptieren, sich nicht politisch zu betätigen (Z. 6-13).
3. Erläutern Sie Senecas Verständnis der *vita contemplativa* (Z. 14-24) und die sprachlich-stilistische Gestaltung dieser Passage (→ S. 55f.).
4. Arbeiten Sie den inhaltlichen Zusammenhang zwischen den zwei Arten einer *res publica* (Z. 25-33) und den zuvor geäußerten Gedanken heraus.
5. Nehmen Sie aus der Sicht eines Zeitgenossen Senecas und aus heutiger Sicht Stellung zu der Frage, ob man sich politisch betätigen solle.

i Epikur und Zenon

Epikur (ca. 341-271/70 v. Chr.): Begründer der nach ihm benannten Philosophenschule der Epikureer, die besonders zur Stoa in Konkurrenz stand. Epikur lehrte zurückgezogen in einem Garten (Kepos) in Athen, als höchstes Gut benannte er die Lust, die er vor allem als Freiheit von Schmerz und Angst verstanden wissen wollte. Er riet von politischem Engagement ab, weil es Unruhe, Sorgen und damit Schmerz mit sich bringe. Das verdeutlicht auch der von ihm überlieferte Grundsatz „Lebe im Verborgenen!" (zur Lehre → S. 25, S. 27, S. 29)

Zenon von Kition (ca. 333/32-262/61 v. Chr.): Begründer der Stoa, die nach ihrem Versammlungsort, der Stoa poikile („bemalte Säulenhalle") in Athen benannt wurde. In der Philosophiegeschichte werden drei Phasen des Stoizismus unterschieden: die sog. Ältere, Mittlere und Jüngere Stoa. Die Ältere Stoa ist im 3. Jh. v. Chr. anzusiedeln, u.a. mit Zenon, Kleanthes und Chrysipp (→ S. 15) als Leitern der Schule; zur Mittleren zählt z. B. Panaetius (→ S. 35), zur Jüngeren gehört u.a. Seneca.

3 Die Grundlagen der stoischen Lehre

3.1 Philosophie als Lebenshilfe

Obwohl Seneca Lucilius eigentlich nicht mehr überzeugen muss, geht er auf die Frage ein, was die Philosophie den Menschen bringt. (*Ep. mor.* 16,1–3)

W Übersetzen Sie: *in urbe; in urbem; in hominibus; in hostes; in eo est; in hoc fit, ut.*
Erklären Sie die Zusammensetzung der Wörter und ihre Bedeutung: *tolerabilis, sapientia, proponere, voluntas, popularis, artificium, disponere, actio, innumerabilis; beatitudo* (→ *beatus*), *otiosus* (→ *otium*), *rector* (→ *regere /derigere*).

G **Substantivierung eines prädikativen Gerundivums / eines Partizips**
Übersetzen Sie: *agenda ~ ea, quae agenda sunt; omittenda ~ ea, quae omittenda sunt, proposita ~ ea, quae proposita sunt.*

T Stellen Sie aus den Z. 20–25 die Leistungen der Philosophie zusammen.

8 Seneca Lucilio suo salutem

Liquere hoc tibi, Lucili, scio, neminem posse beate vivere, ne tolerabiliter quidem, sine sapientiae studio, et beatam vitam perfecta sapientia effici, ceterum tolerabilem etiam inchoata. Sed hoc, quod liquet, firmandum et altius cotidiana meditatione figendum est: Plus operis est in eo, ut proposita custodias, quam ut honesta proponas. Perseverandum est et adsiduo studio robur addendum, donec bona mens sit, quod bona voluntas est.

Itaque non opus est tibi apud me pluribus verbis aut adfirmatione tam longa: Intellego multum te profecisse. Quae scribis, unde veniant, scio; non sunt ficta nec colorata. Dicam tamen, quid sentiam: Iam de te spem habeo, nondum fiduciam. Tu quoque idem facias volo: Non est, quod tibi cito et facile credas. Excute te et varie scrutare et observa; illud ante omnia vide, utrum in philosophia an in ipsa vita profeceris. Non est philosophia populare artificium nec ostentationi paratum; non in verbis, sed in rebus est. Nec in hoc adhibetur, ut cum aliqua oblectatione consumatur dies, ut dematur otio nausia: Animum format et fabricat, vitam disponit, actiones regit, agenda et omittenda demonstrat, sedet ad gubernaculum et per ancipitia fluctuantium derigit cursum. Sine hac nemo intrepide potest vivere, nemo secure; innumerabilia accidunt singulis horis, quae consilium exigant, quod ab hac petendum est.

liquēre: klar sein
sapientiae studium → i
perficere: LW4 – **cēterum** *hier:* aber
inchoāre: beginnen – **cotīdiānus:** täglich – **meditātiō, ōnis:** Nachdenken – **fīgere:** festmachen, einprägen – **prōpositum:** LW7
custōdīre *hier:* einhalten – **adsiduus:** beständig, ausdauernd
rōbur, oris: Kraft – **dōnec** (+ Konj.): bis – **voluntās:** LW4

adfirmātiō, ōnis: Versicherung
K. Sciō, unde (ea) veniunt, quae scrībis. – **colōrāre:** färben, schminken – **fīdūcia:** Zuversicht
K. volō *hier mit Konj.* – **est, quod:** LW6

citō (Adv.): schnell – **excutere:** (ausschütteln), genau untersuchen
scrūtārī: untersuchen – **ostentātiō, ōnis:** das Zeigen, Offenbaren
parātus (+ Dat.) *hier:* geeignet für, geschaffen zu – **oblectātiō, ōnis:** Unterhaltung, Genuss – **dēmere:** wegnehmen – **nausia:** Seekrankheit, *hier:* Überdruss, Langeweile
fabricāre: gestalten, schmieden
gubernāculum: Steuer – **ancipitia, um** *hier:* die gefährliche See
flūctuāre: (mit den Wellen) treiben
dērigere ~ regere – *K.* cursum dērigit eōrum, quī per ancipitia flūctuant – **exigere:** LW7

1. Arbeiten Sie den Gedankengang der Z. 1–17 heraus.
2. Zeigen Sie an ausgewählten Beispielen, wie Seneca seine Argumentation in diesen Zeilen (1–17) sprachlich-stilistisch unterstützt (→ S. 55f.).
3. Charakterisieren Sie anhand des Textes das Verhältnis von Lucilius und Seneca.
4. Arbeiten Sie heraus, inwiefern das stoische *proficiens*-Ideal (→ i, S. 15) hier eine Rolle spielt.
5. Analysieren Sie ausgehend von T, wie die Darstellung der Leistungen der Philosophie sprachlich-stilistisch gestaltet ist (Z. 17–25, → S. 55f.).
6. Diskutieren Sie auf der Grundlage von Senecas Ausführungen und den abgedruckten Covern, inwiefern Philosophie auch heute wichtig und aktuell ist.

i Philosophische Fachsprache im Lateinischen

Die Römer übernahmen die Philosophie (wie so vieles Andere aus Wissenschaft, Kunst und Literatur) von den Griechen. Die ersten, die sich in ihrer Sprache mit dieser Disziplin beschäftigten, mussten daher zunächst für die griechischen Fachbegriffe lateinische finden und so eine eigene Fachsprache entwickeln. Seneca konnte auf das Vokabular zurückgreifen, das im Wesentlichen von Cicero (1. Jh. v. Chr.) geprägt wurde, z. B. *studium sapientiae*: *philosophia* (im Lat. auch als Fremdwort üblich), *animus*: *psyche*, *beatitudo*: *eudaimonia*, *ratio*: *logos*.

3.2 Der Umgang mit dem Schicksal

Alle Menschen sind dem Schicksal und insbesondere Schicksalsschlägen ausgeliefert – wirklich? (*Ep. mor.* 16,4–6)

W Sammeln Sie aus dem Text alle Wörter bzw. Wendungen, die eine Bezeichnung für Schicksal, Vorbestimmung oder Zufall sein können, und ordnen Sie sie diesen Oberbegriffen zu, soweit das möglich ist.

G **Genitiv der Zugehörigkeit**
Übersetzen Sie: *Philosophi est fortunae parere. Quid iuris nostri est, si deus omnia providet?*

T Stellen Sie die Passagen zusammen, an denen Seneca auf drei Arten der Schicksalsvorstellung eingeht (→ W), und arbeiten Sie heraus, wie er das durch die sprachlich-stilistische Gestaltung verdeutlicht (→ S. 55f.).

9 Dicet aliquis: „Quid mihi prodest philosophia, si fatum est? Quid prodest, si deus rector est? Quid prodest, si casus imperat? Nam et mutari certa non possunt et nihil praeparari potest adversus incerta, sed aut consilium meum occupavit deus decrevitque, quid facerem, aut consilio meo nihil fortuna permittit."

Quidquid est ex his, Lucili, vel si omnia haec sunt, philosophandum est; sive nos inexorabili lege fata constringunt, sive arbiter deus universi cuncta disposuit, sive casus res humanas sine ordine impellit et iactat, philosophia nos tueri debet. Haec adhortabitur, ut deo libenter pareamus, ut fortunae contumaciter; haec docebit, ut deum sequaris, feras casum. Sed non est nunc in hanc disputationem transeundum, quid sit iuris nostri, si providentia in imperio est, aut si fatorum series inligatos trahit, aut si repentina ac subita dominantur: Illo nunc revertor, ut te moneam et exhorter, ne patiaris impetum animi tui delabi et refrigescere. Contine illum et constitue, ut habitus animi fiat, quod est impetus.

occupāre: besetzen

inexōrābilis, e: unerbittlich
cōnstringere: fesseln – **arbiter, trī:** Schiedsrichter, Lenker – **dispōnere:** ordnen – **iactāre** *hier:* hin- und herwerfen – **tuērī:** schützen
libēns: LW3
contumāx, ācis: unbeugsam, trotzig
disputātiō, ōnis → **disputare:** LW5

seriēs, eī: Reihe – **inligāre:** fesseln
K. inligātōs (nōs) – **repentīnus:** plötzlich – **dominārī:** herrschen
illō: dorthin – **impetus:** LW3
dēlābī: nachlassen – **refrīgēscere:** erkalten, ermatten – **continēre** ~ tenēre – **cōnstituere** *hier:* festigen

◊◊ 1. Untersuchen Sie, wo im Text Seneca die Vorstellung der Stoiker vom Schicksal präsentiert, und belegen Sie dies durch zentrale Begriffe der stoischen Philosophie.

◊ 2. Weisen Sie am Text nach, dass Seneca hier keine eindeutige Stellung bezieht, welche Auffassung vom Schicksal die richtige sei.

3. Arbeiten Sie heraus, welche Position Seneca zu den Widersprüchen in den philosophischen Systemen bezieht (→ i), und nehmen Sie kurz dazu Stellung.
4. Beschreiben Sie die Abbildung und erläutern Sie, welche Vorstellung vom Schicksal ihr zugrunde liegt.
5. Vergleichen Sie die Vorstellungen von Stoa und Epikureismus zum Schicksal mit heutigen Vorstellungen und nehmen Sie begründet Stellung, welcher Auffassung Sie am ehesten zustimmen können.
6. Erläutern Sie den Gedanken des Schlusssatzes. Zeigen Sie auf, dass er bereits im ersten Teil des Briefes (Text 8) repräsentiert ist.

i Widersprüche bei den Philosophen

Die Stoiker glaubten, dass alles vom Schicksal bzw. Verhängnis oder göttlichen Prinzip festgelegt und vorherbestimmt ist (→ Einleitung, S. 7). Eine solche Auffassung nennt man Determinismus. Damit müssten aber nicht nur Ereignisse, sondern auch die Handlungen des Menschen vorherbestimmt sein.

Daraus ergibt sich das Problem, inwiefern der Mensch - wenn ja seine Taten schon von vorneherein festgelegt sind - überhaupt noch selbst entscheiden kann und wieso dann noch Handlungen auf ihre ethische Richtigkeit überprüft werden sollten. Ethik und Determinismus passen also eigentlich nicht zusammen.

Epikur und seine Schule glaubten, dass die Welt aus Atomen besteht und diese sich nach Gesetzmäßigkeiten bewegen. Damit wäre allerdings auch eine Gesetzmäßigkeit in allem, was geschieht, enthalten - eine Selbstbestimmung des Menschen wäre damit auch nicht vereinbar. Insbesondere um ein Gegenmodell zum Determinismus der Stoa zu entwickeln, behauptete Epikur als Ausweg, die Atome lösten sich von diesen Gesetzmäßigkeiten zufällig und änderten willkürlich ihre Fallrichtung.

Auch hier liegt ein innerer Wiederspruch vor, denn wenn alles nur zufällig geschieht, trifft das auch auf die Handlungen des Einzelnen zu. Das ist aber nicht mit der Selbstbestimmung des Einzelnen vereinbar, und auch hier stellt sich die Frage, wieso der Mensch überhaupt noch seine Handlungsweisen ethisch überprüfen sollte.

Bonifacio Bembo (15. Jh.):
Das Rad der Fortuna,
italienische Buchmalerei,
Pinacoteca di Brera, Mailand

3.3 Äußere Güter

Gibt es ein rechtes Maß für Besitz und Reichtum? (*Ep. mor.* 16,7-9)

W Stellen Sie aus den Z. 8-14 ein Sachfeld zu „Reichtum / Luxus" zusammen.

G **indirekte Fragesätze**
Übersetzen Sie: *Cogita, ubi sis. Cogita, num abire possis. Cogita, utrum maneas an abeas.*

10 Iam ab initio, si te bene novi, circumspicies, quid haec epistula munusculi attulerit: Excute illam, et invenies. Non est, quod mireris animum meum: Adhuc de alieno liberalis sum. Quare autem alienum dixi? Quidquid bene dictum est ab ullo, meum est. Istuc quoque ab Epicuro dictum est: „Si ad naturam vives, numquam eris pauper; si ad opiniones, numquam eris dives.“ Exiguum natura desiderat, opinio immensum. Congeratur in te, quidquid multi locupletes possederant; ultra privatum pecuniae modum fortuna te provehat, auro tegat, purpura vestiat, eo deliciarum opumque perducat, ut terram marmoribus abscondas; non tantum habere tibi liceat, sed calcare divitias; accedant statuae et picturae et quidquid ars ulla luxuriae elaboravit: Maiora cupere ab his disces. Naturalia desideria finita sunt: Ex falsa opinione nascentia, ubi desinant, non habent; nullus enim terminus falso est. Via eunti aliquid extremum est: Error immensus est. Retrahe ergo te a vanis, et cum voles scire, quod petes, utrum naturalem habeat an caecam cupiditatem, considera, num possit alicubi consistere: Si longe progresso semper aliquid longius restat, scito id naturale non esse. Vale.

circumspicere: sich umschauen
mūnusculum: kleines Geschenk
excutere: ausschütteln – **est, quod:** LW6 – **aliēnus:** LW1

istuc ~ istud

opīniō, ōnis *hier:* allgemein verbreitete Ansicht – **congerere:** anhäufen – **locuplēs, ētis:** reich
ultrā (+ Akk.): über ... hinaus
prōvehere: voranbringen – **purpura:** Purpurgewand – **vestīre:** bekleiden
eō dēliciārum opumque: zu einem solchen Maß an Luxus und Reichtum
absondere: bedecken – **calcāre:** mit Füßen treten – **pictūra:** Bild
ēlabōrāre: ausarbeiten – **nāscī:** LW7
habēre *hier:* wissen – **terminus:** Ende
K. viā euntī ~ hominī, quī viā it
extrēmum *hier:* Ziel – *K.* scīre, utrum id, quod petēs, nātūrālem cupiditātem an caecam habeat
caecus: blind – **alicubi:** irgendwo
cōnsistere, -sistō: haltmachen
prōgredī, -gredior, -gressus sum: vorwärts-, vorgehen – *K.* (hominī) longē prōgressō – **restat:** es bleibt übrig – **scītō:** man / er soll wissen

1. Benennen Sie den Gegensatz, der aus dem Zitat Epikurs (Z. 5-7) hervorgeht, und stellen Sie aus dem weiteren Text die Stellen zusammen, an denen Seneca mit ähnlichen Gegensätzen arbeitet.
2. Beschreiben Sie, wie Seneca den Gegensatz zwischen *natura* und *opinio* stilistisch unterstreicht.
3. Erklären Sie, welche Haltung des Menschen zu äußeren Gütern Seneca als natürlich bezeichnet.
4. a) Informieren Sie sich über Senecas finanzielle Situation (→ S. 5).
   b) Nehmen Sie begründet Stellung zu U. von Wilamowitz-Moellendorffs Urteil über Seneca: „Solange er am höfischen und politischen Leben teilnahm, hatte er auch die Moral, nicht nur die stoische, an den Nagel gehängt oder doch nur mit den Lippen bekannt."

5. Diskutieren Sie, wieso Seneca hier ausgerechnet Epikur zitiert, den Begründer der Konkurrenzschule zur Stoa (→ i 1, i 2).

6. Erörtern Sie die Frage, ob der vorliegende Text eine stringente und sinnvolle Fortsetzung des 16. Briefes (Text 8 und 9) ist.

7. a) Recherchieren Sie die Bedeutung der lateinischen Figurenbezeichnungen auf dem Gemälde und erschließen Sie die Haltung des Künstlers zum Reichtum.

b) Vergleichen Sie diese mit der Senecas.

i 1 Epikurs Ethik

Laut Epikur erreicht der Mensch das höchste Glück, wenn er den natürlichen Begierden folgt. Dazu zählen die Erhaltung der Gesundheit und die Seelenruhe. Diese Form der Glückseligkeit erreicht der Mensch durch das Meiden von Schmerz, Angst, Todes- und Gottesfurcht und das kluge Kalkül, ob z. B. aus einer Lust nicht größerer Schmerz erwachsen kann. Lust bedeutet bei Epikur also nicht wie bei den sog. Hedonisten Genuss ohne jegliche Begrenzung, sondern erwächst aus weiser Selbstbeschränkung. So kann der Mensch auch kleinere Freuden mehr genießen und das Schmerzgefühl des Entbehrens vermeiden.

i 2 Seneca und Epikur

Obwohl Seneca Stoiker ist, nimmt er die Lehren anderer Philosophenschulen zur Kenntnis. Im Fall der besonders mit der Stoa konkurrierenden Philosophie Epikurs greift er manche Thesen auf und zitiert sie, wenn sie ihm richtig und treffend erscheinen.

Marteen van Heemskerck (1498-1574): Allegorie des Reichtums (Figuren von links: *Rapina, Fraus, Usura, Dolus, Libido, Superbia, Opulentia, Proditio, Vana Laetitia, Vanae Voluptates*), Kunsthandel London, Sotheby's

3.4 Das Gottesbild

In diesem Brief erläutert Seneca, wie die Stoiker sich Gott vorstellen. (*Ep. mor.* 41,1-3)

W Sammeln Sie aus Z. 14-25 alle Ausdrücke aus dem Sachfeld „Religion".

G **attributives / prädikatives Gerundiv**
Übersetzen Sie: *Virum laudandum video. Scio hunc virum laudandum esse.*

T Erschließen Sie die Naturbeschreibungen in Z. 14-25 inhaltlich.
Verdeutlichen Sie die Kongruenzen von Adjektiven und Partizipien in Z. 14-25 graphisch und benennen Sie den jeweiligen Satzkern (Subjekt, Prädikat, Objekt(e)).

11 Seneca Lucilio suo salutem

Facis rem optimam et tibi salutarem, si, ut scribis, perseveras ire ad bonam mentem, quam stultum est optare, cum possis a te inpetrare. Non sunt ad caelum elevandae manus nec exorandus aedituus, ut nos ad aurem simulacri, quasi magis exaudiri possimus, admittat: Prope est a te deus, tecum est, intus est. Ita dico, Lucili: Sacer intra nos spiritus sedet, malorum bonorumque nostrorum observator et custos; hic prout a nobis tractatus est, ita nos ipse tractat. Bonus vero vir sine deo nemo est: An potest aliquis supra fortunam nisi ab illo adiutus exsurgere? Ille dat consilia magnifica et erecta. In unoquoque virorum bonorum „- quis deus, incertum est - habitat deus."

Si tibi occurrerit vetustis arboribus et solitam altitudinem egressis frequens lucus et conspectum caeli densitate ramorum aliorum alios protegentium summovens, illa proceritas silvae et secretum loci et admiratio umbrae in aperto tam densae atque continuae fidem tibi numinis faciet. Si quis specus saxis penitus exesis montem suspenderit, non manu factus, sed naturalibus causis in tantam laxitatem excavatus, animum tuum quadam religionis suspicione percutiet. Magnorum fluminum capita veneramur; subita ex abdito vasti amnis eruptio aras habet; coluntur aquarum calentium fontes, et stagna quaedam vel opacitas vel immensa altitudo sacravit.

salūtāris, e: förderlich
persevērāre: LW8 - **inpetrāre:** LW1
caelum: LW5 - **ēlevāre:** erheben
exōrāre: inständig bitten
aedituus: Tempelwächter - **prope ā:** nahe bei - **intus** (Adv.): innerhalb
malum: LW3 - **observātor, ōris** → observāre: LW8 - **custōs:** LW5
prout ~ ut - **suprā:** über ... hinaus
adiūtus → adiuvāre - **exsurgere:** sich erheben - **ērēctus** ~ rēctus: LW3 - **habitāre:** wohnen
vetustus ~ vetus, eris - **arbor, oris:** Baum - **solitus:** gewöhnlich
altitūdō, inis: Höhe, Tiefe - **ēgredī** *hier:* übersteigen, übertreffen
frequēns, entis (+ Abl.): reich an
lūcus: Hain - **cōnspectus, ūs** m: Anblick - **dēnsitās, ātis** → dēnsus
rāmus: Zweig - **prōtegere:** überdecken - **summovēre** *hier:* verhindern - **prōcēritās, ātis:** Erhabenheit - **sēcrētum:** Abgeschiedenheit - **umbra:** Schatten - **in apertō:** unter freiem Himmel - **specus, ūs** m: Höhle - **saxum:** Fels, Stein - **penitus** (Adv.): tief hinein
exedere, -edo, -ēdi, -ēsum: aushöhlen, zerfressen - **suspendere:** zum Schweben bringen - **laxitās, ātis:** Weite - **excavāre:** aushöhlen
suspīciō, ōnis *hier:* Ahnung - **percutere:** erschüttern - **subitus:** LW9
abditum: das Verborgene - **vāstus:** weit, groß - **amnis, is:** Fluss
erūptiō, ōnis *hier:* Austritt - **calēre:** heiß sein - **stāgnum:** Teich, See
opācitās, ātis: Dunkel, dunkle Färbung - **immēnsus:** LW10
altitūdō: s. Z. 14 - **sacrāre:** weihen, heilig machen

1. Weisen Sie am Text (Z. 6-13) nach, dass Seneca hier ein pantheistisches Gottesbild entwirft (→ i 1) und den Menschen als Mikrokosmos ansieht (→ S. 7); analysieren Sie dabei auch die stilistische Gestaltung dieser Zeilen (→ S. 55f).
2. Beschreiben Sie, welche Atmosphäre Seneca bei den Naturbeschreibungen (Z. 14-25) hervorruft, und vergleichen Sie sie mit der im Gemälde von Böcklin.
3. Vergleichen Sie das stoische Gottesbild mit dem Epikurs (→ i 2) und dem des Christentums.

i 1 Pantheismus

Einem pantheistischen Weltbild liegt die Vorstellung zugrunde, dass Gott in allem in der Welt vorhanden und somit mit der Welt bzw. der Natur identisch ist. Diese Gottesvorstellung ist also nicht personifiziert.

i 2 Epikurs Gottesbild

Im Epikureismus existieren die Götter zwar, aber sie leben außerhalb der Welt der Menschen und greifen nicht in das Leben der Menschen ein. Damit weist Epikur auch den Göttern in ihrer Lebensweise die höchste Lust zu, da sie sich um nichts kümmern müssen, sondern nur die Verehrung der Menschen entgegennehmen, erreicht aber gleichzeitig, dass mit einem solchen Gottesbild den Menschen jegliche Angst vor dem Zorn der Götter genommen wird, eine wesentliche Ursache für Schmerzen.

Arnold Böcklin (1827-1901): Heiliger Hain, Kunsthalle Hamburg

3.5 Der stoische Weise

Ausgehend von der Beobachtung, dass besondere Orte in uns Verehrung und religiöse Gefühle aufkommen lassen, führt Seneca nun aus, dass dies auch für einen Menschen zutreffen kann, insbesondere für den stoischen Weisen. (*Ep. mor.* 41,4-9)

W Unterscheiden Sie: *hic, hinc, huc - illic, illinc, illuc.*

T Sammeln Sie die Eigenschaften des stoischen Weisen und die Begriffe, die seine Göttlichkeit bezeichnen (Z. 1-15).
Informieren Sie sich über den *ratio*-Begriff der Stoiker (→ Einleitung, S. 7).

G **NcI • Prädikativum**
Übersetzen Sie: *Rem maiorem esse credere possumus. Res maior credi potest.*
Beschreiben Sie den Unterschied zu: *Ea transferri possunt.*
Übersetzen Sie: *Sapiens omnia immotus fert. Animus tamquam melior interest.*

12 Si hominem videris interritum periculis, intactum cupiditatibus, inter adversa felicem, in mediis tempestatibus placidum, ex superiore loco homines videntem, ex aequo deos, non subibit te veneratio eius? Non dices: „Ista res maior est altiorque, quam ut credi similis huic, in quo est, corpusculo possit"? Vis isto divina descendit; animum excellentem, moderatum, omnia tamquam minora transeuntem, quidquid timemus optamusque, ridentem caelestis potentia agitat. Non potest res tanta sine adminiculo numinis stare; itaque maiore sui parte illic est, unde descendit. Quemadmodum radii solis contingunt quidem terram, sed ibi sunt, unde mittuntur, sic animus magnus ac sacer et in hoc demissus, ut propius divina nossemus, conversatur quidem nobiscum, sed haeret origini suae; illinc pendet, illuc spectat ac nititur, nostris tamquam melior interest.

Quis est ergo hic animus? Qui nullo bono nisi suo nitet. Quid enim est stultius quam in homine aliena laudare? Quid eo dementius, qui ea miratur, quae ad alium transferri protinus possunt? (...) In homine id laudandum est, quod ipsius est. Familiam formonsam habet et domum pulchram, multum serit, multum fenerat: Nihil horum in ipso est, sed circa ipsum. Lauda in illo, quod nec eripi potest nec dari, quod proprium hominis est! Quaeris, quid sit? Animus et ratio in animo perfecta. Rationale enim animal homo est; consummatur itaque bonum eius, si id implevit, cui nascitur. Quid est autem, quod ab illo ratio haec exigat? Rem facillimam:

tempestās, ātis: LW7
superior: LW5 - **aequus:** LW5
venerātiō, ōnis: Verehrung
altus: LW8
corpusculum: *Deminutiv zu* corpus
istō: da hinein

trānsīre *hier:* übergehen, nicht beachten - **agitāre:** bewegen, antreiben - **adminiculum:** Stütze

radius: Strahl - **contingere** ~ tangere

conversārī: verkehren mit - **haerēre** (+ Dat.) *hier:* mit etw. verbunden sein - **pendēre** *hier:* abhängig sein
nītī: streben - *K.* nostrīs (rēbus)
nitēre: glänzen

aliēnus: LW1
prōtinus (Adv.): sofort
fōrmōnsus = fōrmōsus
serere: säen - **fēnerāre:** Geld gegen Zinsen ausleihen

perficere: LW4
cōnsummāre: zur Vollendung bringen - **implēre** *hier:* erfüllen
nāscī: LW7 - **exigere:** LW7

Secundum naturam suam vivere. Sed hanc difficilem facit communis insania: In vitia alter alterum trudimus. Quomodo autem revocari ad salutem possunt, quos nemo retinet, populus impellit? Vale.

commūnis: LW7 - **īnsānia:** Wahnsinn
trūdere: stoßen - **revocāre ad salūtem** ~ servāre

1. Erklären Sie, wie die sprachlich-stilistische Gestaltung die Aussagen über den stoischen Weisen stützt (Z. 1-9, → S. 55f.).
2. Analysieren Sie das Gleichnis in Z. 11-15 (→ i) und erläutern Sie seine Funktion für den Textzusammenhang.
3. Beschreiben Sie, wie Seneca in Z. 16ff. durch Ausdrucksweise und Gedankengang die Nennung des *proprium* des Menschen in Z. 23f. vorbereitet.
4. Sammeln Sie aus dem Brief Vokabeln, die typische Fachbegriffe im philosophischen System der Stoa darstellen, und skizzieren Sie ihre Bedeutung.
5. Erklären Sie auf der Grundlage dieses Briefes, wie die Stoiker ihre Maxime *secundum naturam vivere* verstanden, und bewerten Sie ihre Ansicht, mit einer solchen Lebensführung werde der Mensch glücklich.
6. Erörtern Sie unter Rückbezug auf Text 2 Senecas These von der *communis insania* (Z. 28) und diskutieren Sie, inwiefern die Abbildung als ihre Illustration dienen kann.

i Analyse von Gleichnissen

Ein Gleichnis (Vergleich) kann analysiert werden, indem man zunächst alle Informationen der jeweiligen **Sachebene** (das, was verglichen wird, im Text mit „so" eingeleitet) und **Bildebene** (das, womit verglichen wird, im Text mit „wie" eingeleitet) einander gegenüberstellt. Es kann sein, dass nicht alle genannten Details einer Ebene in der anderen eine Entsprechung haben. Im zweiten Schritt untersucht man, welche Gemeinsamkeit(en) diese zwei Ebenen haben: Das ist das ***tertium comparationis*** oder der **Vergleichspunkt**, in dem Sach- und Bildebene übereinstimmen.

Hans Engels (geb. 1924):
Illustration zu Hans Christian Andersens Märchen „Des Kaisers neue Kleider", Kunstgalerie, Gera

3.6 Die Affektenlehre (1)

Das Ideal der Stoa ist, unbewegt und unerschüttert, ja sogar gerne alles anzunehmen, was das Schicksal bringt. Dürfen die Menschen nicht einmal ihre Gefühle zulassen? (*Ep. mor.* 116,1-3)

W Stellen Sie aus dem Text ein Sachfeld „Affekte" zusammen.

G **Genitivus obiectivus • Futur II**
Übersetzen Sie: *desiderium amici, metus malae opinionis, cura nostri.*
Erklären Sie die Verwendung des Futur II anhand von Z. 9 und 18.

13 Seneca Lucilio suo salutem

Utrum satius sit modicos habere adfectus an nullos, saepe quaesitum est: Nostri illos expellunt, Peripatetici temperant. Ego non video, quomodo salubris esse aut utilis possit ulla mediocritas morbi. Noli timere: Nihil eorum, quae tibi non vis negari, eripio. Facilem me indulgentemque praebebo rebus, ad quas tendis et quas aut necessarias vitae aut utiles aut iucundas putas: Detraham vitium. Nam cum tibi cupere interdixero, velle permittam, ut eadem illa intrepidus facias, ut certiore consilio, ut voluptates ipsas magis sentias. Quidni ad te magis perventurae sint, si illis imperabis, quam si servies? – „Sed naturale est," inquis, „ut desiderio amici torquear: Da ius lacrimis tam iuste cadentibus. Naturale est opinionibus hominum tangi et adversis contristari: Quare mihi non permittas hunc tam honestum malae opinionis metum?" – Nullum est vitium sine patrocinio: Nulli non initium verecundum est et exorabile, sed ab hoc latius funditur. Non obtinebis, ut desinat, si incipere permiseris. Inbecillus est primo omnis adfectus; deinde ipse se concitat et vires, dum procedit, parat: Quis negat omnes adfectus a quodam quasi naturali fluere principio? Excluditur facilius quam expellitur. Curam nobis nostri natura mandavit, sed huic ubi nimium indulseris, vitium est. Voluptatem natura necessariis rebus admiscuit, non ut illam peteremus, sed ut ea, sine quibus non possumus vivere, gratiora nobis illius faceret accessio: Suo veniat iure, luxuria est. Ergo intrantibus resistamus, quia facilius, ut dixi, non recipiuntur quam exeunt.

satius ~ melius
Peripatēticī, ōrum Pl.: Peripatetiker
→ i - **salūbris, e:** heilsam
mediocritās, ātis: Mittelmaß, *hier:* mittleres Maß - **morbus:** LW2 - *K.* quae ... negārī vīs *relat. Verschränkung* - **facilis, e** *hier:* umgänglich
indulgēns, entis: nachgiebig
tendere *hier:* sich hingezogen fühlen
interdīcere: verbieten
intrepidus: LW8
K. ut certiōre cōnsiliō (illa faciās)
voluptās, ātis: LW2 - **quidnī:** LW2
K. perventūrae sint: sie sollten gelangen (*Konj. mit futurischem Sinn*) - **torquēre:** quälen, martern
iūs *hier:* Berechtigung
adversa (opīniō): Ablehnung
contrīstārī → trīstis
patrōcinium: Verteidigung, Ausrede
verēcundus: schüchtern, bescheiden
exōrābilis, e: verzeihlich - **fundī:** sich ausbreiten - **obtinēre:** durchsetzen - **concitāre:** antreiben

fluere *hier:* stammen - **exclūdere, -clūdō, -clūsī:** FW - **indulgēre, -dulgeō, -dulsī:** nachgeben
voluptās, ātis: LW2
admiscēre: beimischen
K. illīus: *gemeint ist die* voluptās → G - **accessiō, ōnis:** das Hinzukommen - *K.* (sī) suō veniat iūre - **suō iūre:** in eigenem Recht
K. (adfectibus) intrantibus

1. Arbeiten Sie heraus, welchen Umgang mit Affekten Seneca einfordert.
2. Erläutern Sie, wie Seneca seine Argumentation gegen die Einwände des Interlocutors aufbaut und stilistisch stützt (Z. 16ff., → S. 55f.).
3. Vergleichen Sie Senecas Haltung mit der Anschauung des Peripatos (→ i).
4. Nehmen Sie begründet Stellung zu beiden Haltungen.
5. Recherchieren Sie ausgehend von der Abbildung Athens Rolle für die Entwicklung der Philosophie.

i 1 Der Peripatos und die Lehre von der Metriopathie

Die Schule des Aristoteles erhielt ihren Namen nach ihrem Versammlungsort in Athen, einer Wandelhalle (Peripatos) im Lykeion (einem Hain, der Apoll geweiht war). Aristoteles setzte als höchstes Ziel der Ethik auch die Glückseligkeit des Menschen. Dazu müsse er sowohl Verstandes- als auch Charaktertugenden entwickeln, aber auch Gefühlsregungen und Begierden zulassen – unter der Bedingung, dass er sie bewusst und mit Augenmaß für das Erreichen von Zielen bzw. zur Bewältigung von Aufgaben einsetzen kann (sog. Metriopathie).

Die athenischen Philosophenschulen in einer Skizze von C. H. Smith (1987)

3.6 Die Affektenlehre (2)

Darf man sich Gefühlen überlassen? (*Ep. mor.* 116,4–8)

W Erschließen Sie mithilfe Ihrer Fremdsprachenkenntnisse die Bedeutung folgender Vokabeln: *conscius, excusare, respicere (respectum), difficultas, colligere (collectum), promittere, occurrere, incidere, negare.*

T Informieren Sie sich in **i** über Panaetius.
Bringen Sie den Nebensatz Z. 4f. (*Nobis ... facile*) in eine gewohnte Wortstellung und erläutern Sie die Funktion der von Seneca verwendeten Wortstellung.

G **Hortativ**
Übersetzen Sie: *Recedamus a turba. Quiescamus.*

14 „Aliquatenus“, inquis, „dolere, aliquatenus timere permitte.“ Sed illud „aliquatenus“ longe producitur nec, ubi vis, accipit finem. Sapienti non sollicite custodire se tutum est, et lacrimas suas et voluptates, ubi volet, sistet: Nobis quia non est regredi facile, optimum est omnino non progredi. Eleganter mihi videtur Panaetius respondisse adulescentulo cuidam quaerenti, an sapiens amaturus esset. „De sapiente“, inquit, „videbimus: Mihi et tibi, qui adhuc a sapiente longe absumus, non est committendum, ut incidamus in rem commotam, inpotentem, alteri emancupatam, vilem sibi. Sive enim nos respicit, humanitate eius inritamur, sive contempsit, superbia accendimur. Aeque facilitas amoris quam difficultas nocet: Facilitate capimur, cum difficultate certamus. Itaque conscii nobis inbecillitatis nostrae quiescamus: Nec vino infirmum animum committamus nec formae nec adulationi nec ullis rebus blande trahentibus.“ Quod Panaetius de amore quaerenti respondit, hoc ego de omnibus adfectibus dico. Quantum possumus, nos a ludibrio recedamus: In sicco quoque parum fortiter stamus. Occurres hoc loco mihi illa publica contra Stoicos voce: „Nimis magna promittitis, nimis dura praecipitis. Nos homunciones sumus, omnia nobis negare non possumus. Dolebimus, sed parum; concupiscemus, sed temperate; irascemur, sed placabimur.“

Scis, quare non possumus ista? – „Quia nos posse non credimus.“ – Immo mehercules aliud est in re: Vitia nostra quia amamus, defendimus et malumus excusare illa quam excutere. Satis natura homini dedit roboris, si illo modo utamur, si vires nostras colligamus ac totas pro nobis, certe non contra nos concitemus. Nolle in causa est, non posse praetenditur. Vale.

aliquātenus (Adv.): bis zu einem gewissen Grad – *K.* nec accipit fīnem (eō locō), ubī vīs
K. sapientī tūtum est nōn sollicitē sē custodīre – **voluptās:** LW2 – **sistere:** zum Stehen bringen
ēlegāns, antis *hier:* treffend, geistreich – **Panaetius** → i
K. amatūrus esset: *Konj. mit futurischem Sinn*

committere *hier:* es dazu kommen lassen – **incidere:** LW2 – **commōtus** *hier:* erregt, leidenschaftlich
ēmancupātus *hier:* unterworfen, hörig – **vīlis:** LW1 – **respicere:** FW (alter) respicit – **inrītāre:** in Unruhe versetzen – **contemnere:** LW5
aequus: LW5 – **facilitās, ātis** *hier:* Entgegenkommen – **nocēre:** LW4
inbēcillitās, ātis: LW2 – **quiēscere** *hier:* sich ruhig verhalten – **adūlātiō, ōnis:** Schmeichelei – **blandē trahere** *hier:* verführen, verlocken
K. quaerentī (iuvenī) s. Z. 6f.
ludibrium *hier:* schlüpfriger Boden
siccum: fester Boden – **parum:** LW3
pūblica vōx *hier:* übliche Äußerung
Stōicus: LW7 – **nimis:** LW13
praecipere: LW1 – **homunciō, ōnis:** Menschlein – **concupīscere** ~ cupere – **īrascī** → īra – **placārī:** sich beruhigen

immō: LW2 – **mehercules:** Beim Hercules! – **excutere** *hier:* abschütteln – **rōbur, oris:** Kraft
concitāre *hier:* verwenden – **in causā est:** der Grund ist – **praetendere:** vorgeben, vorschieben

1. Beschreiben Sie den Unterschied zwischen dem Weisen und dem Normalsterblichen (Z. 1-5). Benennen Sie die Konsequenz, die Seneca daraus zieht.
2. Beschreiben Sie Panaetius' Reaktion auf die ihm gestellte Frage (Z. 7-16) und erklären Sie die Bedeutung seines ersten Satzes (*De sapiente videbimus.*).
3. Erläutern Sie die Metaphorik der Z. 18f.
4. Vergleichen Sie die *publica vox* (Z. 20-24) mit der Metriopathie (→ i, S. 33).
5. Gliedern Sie den gesamten Brief 116, indem Sie den Gedankengang in Thesenform wiedergeben.
6. Verfassen Sie einen Antwortbrief an Seneca, in dem Sie Ihre eigene Meinung zur Affektenlehre der Stoa und zum Umgang mit Gefühlen darlegen und begründen.
7. Erfassen Sie die Aussage des Gemäldes und setzen Sie diese in Bezug zu Senecas Auffassung.

i Panaetius

Der Stoiker Panaetius von Rhodos (ca. 185-109 v. Chr.) war ab ca. 144 v. Chr. häufig in Rom, wo er – als Mitglied des sogenannten Scipionenkreises, eines Kreises von Gelehrten und Schriftstellern um P. Cornelius Scipio Minor – Kontakte zur römischen Oberschicht hatte und die stoischen Lehren verbreitete. Ab 129 v. Chr. war er Schuloberhaupt der Stoa in Athen. Als Vertreter der sog. mittleren Stoa milderte er die rigorose Lehre der sog. alten Stoa, indem er in der Ethik eher Empfehlungen als strikte Verbote aussprach.

Andrea Mantegna (1431-1506): Pallas Athene vertreibt die Laster aus dem Garten der Tugend, Musée du Louvre, Paris

3.7 Das höchste Gut

Seneca widmet dem höchsten Ziel der Stoa, der Glückseligkeit, eine eigene Schrift, die er folgendermaßen beginnt: (*De vit.* 1,1; 3,3b–4)

W Stellen Sie aus Z. 11–23 alle Vokabeln zusammen, die der stoischen Philosophie zuzuordnen sind; erschließen Sie dabei aus dem Zusammenhang eine treffende Bedeutung für *conveniens* (Z. 12).

T Erstellen Sie eine Satzanalyse der Z. 11–17 und erschließen Sie die Definition des glücklichen Lebens inhaltlich.

G **Konstruktion bei *sequi, uti* • Abl. mensurae**
Vergleichen Sie mit dem Deutschen: *Tranquillitas libertatem sequitur. Mens fortunae muneribus utitur.* Übersetzen Sie: *multo melius; eo longius ... quo concitatius; quanto propius.*

15 Vivere, Gallio frater, omnes beate volunt, sed ad perveniendum quid sit, quod beatam vitam efficiat, caligant; adeoque non est facile consequi beatam vitam, ut eo quisque ab ea longius recedat, quo ad illam concitatius fertur, si via lapsus est; quae ubi in contrarium ducit, ipsa velocitas maioris intervalli causa fit. Proponendum est itaque primum, quid sit, quod appetamus; tunc circumspiciendum, qua contendere illo celerrime possimus, intellecturi in ipso itinere, si modo rectum erit, quantum cotidie profligetur quantoque propius ab eo simus, ad quod nos cupiditas naturalis impellit. (...)

Beata est ergo vita conveniens naturae suae, quae non aliter contingere potest quam, si primum sana mens est et in perpetua possessione sanitatis suae, deinde fortis ac vehemens, tum pulcherrime patiens, apta temporibus, corporis sui pertinentiumque ad id curiosa non anxie, tum aliarum rerum, quae vitam instruunt, diligens sine admiratione cuiusquam, usura fortunae muneribus, non servitura.

Intellegis, etiam si non adiciam, sequi perpetuam tranquillitatem libertatem depulsis iis, quae aut irritant nos aut territant; nam voluptatibus et pro illis, quae parva ac fragilia sunt et ipsis flagitiis noxia, ingens gaudium subit inconcussum et aequale, tum pax et concordia animi et magnitudo cum mansuetudine; omnis enim ex infirmitate feritas est.

Galliō: *Marcus Annaeus Novatus, ein Bruder Senecas, hieß seit seiner Adoption nach seinem Stiefvater L. Annaeus Iunius Gallio*
cāligāre: blind, verblendet sein
K. sed cāligant, quid sit ...
concitātus: rasch, heftig – **viā lābī, labor, lāpsus sum** *hier:* sich im Weg irren – **vēlōcitas, ātis:** Geschwindigkeit – **intervallum:** FW – **prōpōnere:** LW8 – **quā** *hier:* wie – **illō:** dorthin
rēctus: LW3 – **prōflīgēre:** bewältigen, schaffen

contingere: LW4
possessiō, ōnis → possidēre
sānitās, ātis → sānus
pertinēre ad: LW7 – **cūriōsus** + Gen. *hier:* besorgt um – **anxius:** ängstlich
dīligēns + Gen. *hier:* sorgfältig in
admīrātiō, ōnis → admīrāri
servīre: LW6
trānquillitās, ātis: Ruhe – **irrītāre:** erregen, erzürnen – **territāre** → terrēre – **voluptās:** LW2 – **fragilis, e:** zerbrechlich – **noxius:** schädlich
inconcussus: unerschütterlich
aequālis, e: gleichmäßig
mānsuētūdō, inis: Milde, Sanftmut
īnfirmitās, ātis → īnfirmus – **feritās, ātis:** Wildheit, Gewalttätigkeit

1. Vergleichen Sie die Übersetzungen der Z. 1–8 (→ M) mit dem Original und beurteilen Sie sie; begründen Sie dabei Ihr Urteil (→ i).
2. Sammeln Sie Kennzeichen aus dem Text, die ihn als Beginn eines Werkes und als Dialog charakterisieren.
3. Paraphrasieren Sie Senecas Definition der *beata vita* und untersuchen Sie, wie Sprache und Stil die Aussage unterstreichen (→ 55f.).
4. Erläutern Sie, was Seneca hier mit dem Begriff *libertas* meint, und diskutieren Sie dieses Verständnis von „Freiheit".

M Seneca, *De vita beata* 1,1

Leben, mein Bruder Gallio, wollen alle glücklich, aber zu erkennen, was es ist, was glücklich das Leben macht, fehlt der klare Blick; so sehr schwer ist es, zu erreichen das glückliche Leben, dass jeder von ihm desto weiter sich entfernt, je hastiger er zu ihm hineilt, wenn er vom Wege abgekommen ist; wenn ihn dieser in die entgegengesetzte Richtung führt, wird eben die Eile größeren Abstandes Ursache. Vor Augen muss man sich daher stellen – erstens: was ist es, was wir erreichen wollen; sodann ist ins Auge zu fassen, wie wir dorthin besonders schnell gelangen können (...).
(Übers. M. Rosenbach)

Ein Leben in Glück, Bruder Gallio, wünschen sich wohl alle, ebenso tappen aber auch alle im Dunkeln, wenn es darum geht, sich die Voraussetzungen für ein echtes Lebensglück deutlich vor Augen zu stellen. Es ist aber auch nicht einfach, ein solches Lebensglück zu erlangen. Hat man nämlich den Weg einmal verfehlt, kann man sich sogar vom Ziel entfernen, und zwar um so weiter, je hastiger man sich ihm nähern will. Denn führt der Weg in entgegengesetzte Richtung, lässt gerade die Geschwindigkeit den Abstand immer größer werden. So muss man sich zuerst das Ziel seines Strebens klarmachen und sich dann nach Möglichkeiten umsehen, es recht rasch zu erreichen.
(Übers. H. Berthold)

i Übersetzungsvergleich

Folgende vier Kriterien ermöglichen einen Übersetzungsvergleich sowie eine Beurteilung der Übersetzungen:

1. Äußere Form (u.a.): Werden andere Absätze eingeführt? Wurde die poetische Form beibehalten?
2. Satzbau (u.a.): Wie wurde mit der Wortstellung des Originals umgegangen?
3. Wortwahl und Stilistik (u.a.): Sind Wortwahl und Stil dem Original angemessen? Werden stilistische Auffälligkeiten des Originals (Anaphern, Antithesen, Alliterationen etc.) berücksichtigt? Oder werden neue Stilmittel eingefügt?
4. Gesamtaussage (u.a.): Wird die Gesamtaussage des Originals verändert? Wird die Sprachstruktur des Originals beibehalten oder ein verständlicher deutscher Text präsentiert?

3.8 Lust

Seneca wendet sich denen zu, die behaupten, die Lust sei das höchste Gut, virtus und voluptas seien eng miteinander verknüpft und könnten nicht voneinander getrennt werden. (*De vit.* 7,1b; 7,3–8,2a)

W Erläutern Sie die Zusammensetzung der Vokabeln und leiten Sie die Bedeutung ab: *invictus, infatigabilis, latitare* (→ *latere*), *captare, servilis, immortalis.* Erschließen Sie die Bedeutung anhand von Fremdwörtern: *separare, componere, servilis, statio, domicilium, latere, coloratus, medicamentum.*

G **Doppelter Dativ bei *esse***
Übersetzen Sie: *Hoc mihi gaudio est. Homo mihi odio est.*

T Stellen Sie tabellarisch gegenüber, mit welchen Begriffen *virtus* bzw. *voluptas* beschrieben werden (Z. 4–18).

16 Non video, quomodo ista tam diversa in eandem copulam coiciantur. Quid est, oro vos, cur separari voluptas a virtute non possit? (...) Quid dissimilia, immo diversa componitis? Altum quiddam est virtus, excelsum et regale, invictum, infatigabile: Voluptas humile, servile, imbecillum, caducum, cuius statio ac domicilium fornices et popinae sunt. Virtutem in templo convenies, in foro, in curia, pro muris stantem, pulverulentam, coloratam, callosas habentem manus; voluptatem latitantem saepius ac tenebras captantem circa balinea ac sudatoria ac loca aedilem metuentia, mollem, enervem, mero atque unguento madentem, pallidam aut fucatam et medicamentis pollinctam.

Summum bonum immortale est, nescit exire nec satietatem habet nec paenitentiam: Numquam enim recta mens vertitur nec sibi odio est nec quicquam mutavit a vita optima; at voluptas tunc, cum maxime delectat, exstinguitur; non multum loci habet, itaque cito implet et taedio est et post primum impetum marcet. (...)

Quid, quod tam bonis quam malis voluptas inest nec minus turpes dedecus suum quam honestos egregia delectant? Ideoque praeceperunt veteres optimam sequi vitam, non iucundissimam, ut rectae ac bonae voluntatis non dux, sed comes sit voluptas. Natura enim duce utendum est: Hanc ratio observat, hanc consulit. Idem est ergo beate vivere et secundum naturam.

ista: *gemeint sind virtūs und voluptās* – **dīversus:** LW4 – **cōpula:** Band, Verbindung – **cōicere:** zusammenwerfen, -bringen
sēparāre: trennen – **voluptās:** LW2
immō: LW2 – **altus:** LW8 – **excelsus:** LW12 – **rēgālis, e** → rēx
īnfatīgābilis, e: unermüdlich
humilis: LW6 – **imbēcillus:** LW13
cadūcus: vergänglich – **fornix, icis:** Bordell – **popīna:** Kneipe
pulverulentus: voller Staub
callōsus: schwielig – **latitāre** ~ latēre
tenebrae, ārum Pl.: Dunkelheit
balineum: Bad, Therme
sūdātōrium: Schwitzbad – **aedīlis, is:** Ädil (*Beamter, zuständig für quasi polizeiliche Aufsicht z.B. von Märkten, Kneipen, Bordellen*)
ēnervis, e: schwach – **merum:** (ungemischter) Wein → i
unguentum: Parfümsalbe → i
madēre: triefen von – **pallidus:** bleich – **fūcātus:** geschminkt → i
medicāmentum hier: Kosmetik
pollingere, -lingō, -linxī, -linctum: balsamieren (*wie eine Leiche*)
exīre *hier:* (ver)schwinden, ausgehen
satietās, ātis: Überdruss, Ekel
paenitentia: Reue – **rēctus:** LW3
taedium: Überdruss, Ekel – **impetus:** LW3 – **marcēre:** schlaff/kraftlos sein – **quid** *hier:* was (ist damit)
turpis: LW1 – **praecipere:** LW1
rēctus: LW3 – **comes, itis:** Begleiter
observāre: LW8

1. Fassen Sie Senecas Argumentation gegen die Lust als höchstes Gut zusammen (Z. 1-18) und erläutern Sie die sprachlich-stilistischen Besonderheiten dieser Passage (→ 55f.).
2. Erörtern Sie, inwiefern der letzte Abschnitt (Z. 19-25) einen neuen Gedanken beinhaltet.
3. Nehmen Sie begründet Stellung zu Senecas Argumentation.
4. Vergleichen Sie den Inhalt dieses Abschnitts mit Text 10 bzw. Text 13f.
5. Beschreiben Sie auf der Grundlage von i Einzelheiten und Aussage des Gemäldes. Arbeiten Sie Gemeinsamkeiten der Bildaussage mit Senecas Thesen heraus.

i 1 Herkules zwischen Virtus und Voluptas

Von dem Sophisten Prodikos von Keos stammt die Geschichte, wonach dem über seinen künftigen Lebensweg nachdenkenden jungen Herkules zwei als überirdische Gestalten erkennbare Frauen erscheinen: Die eine weißgekleidet, natürlich, zurückhaltend (Arete bzw. Virtus), die andere stark geschminkt und aufreizend gekleidet (Eudaimonia bzw. Voluptas). Beide versuchen, den Jüngling von ihrem Weg zum Glück zu überzeugen: Die eine verspricht Genuss und Müßiggang, die andere behauptet, dass Glück nur über Mühen und Gefahren zu erreichen sei.

Johann Heinrich Tischbein d. A. (1722-1789): Herkules am Scheideweg, Deutsches Historisches Museum, Berlin

i 2 Was für Sitten ...: Wein, Parfüm, Schminke

Der Genuss von Wein war bei den Römern allgemein verbreitet. Allerdings hatte der Wein durchschnittlich einen höheren Alkoholgehalt als heute und wurde in der Regel mit Wasser vermischt. Ungemischten Wein (*merum*) zu trinken, wurde oft als maßlos angesehen.

Parfümsalben (*unguenta*) waren bei den Römern gerade in der Kaiserzeit sehr beliebt und zählten zu den Luxusartikeln. Man nutzte die Salben zur Körperpflege und als Parfum, brachte den Haaren damit Duft und Glanz. Als extravagant galt eine übertriebene Anwendung der Parfümsalben. Sie wurden eher selten zur Einbalsamierung von Leichen verwendet.

Es war bei den Römerinnen der Oberschicht weit verbreitet, sich zu schminken, teilweise wohl auch bei den Römern: Grundlage war ein weißer Puder, dazu kamen Rouge, Tusche für Wimpern und Augenbrauen, Lidschatten und Lidstrich. Allerdings wurde offenbar ein zu starkes Make-up als unschön und übertrieben angesehen.

3.9 Reichtum

Seneca verteidigt sich gegen den Vorwurf, sein Leben im Reichtum stehe im Widerspruch zu seiner Lehre. (*De vit.* 21,4-23,1a)

G Verwendung von *ne* und *quin* • Substantivierung des Possessivpronomens

Übersetzen Sie: *Ne erres. Ne id feceris! Opto, ne erres. Timeo, ne erres. Non dubito, quin erres. Vir suos vocat. (Omnia) mea mecum habeo. Is vir unus nostrorum est.*

T Informieren Sie sich über die sog. *indifferentia* (→ i).

17 Nec enim se sapiens indignum ullis muneribus fortuitis putat: Non amat divitias, sed mavult; non in animum illas, sed in domum recipit nec respuit possessas, sed continet et maiorem virtuti suae materiam sumministrari vult. Quid autem dubii est, quin haec maior materia sapienti viro sit animum explicandi suum in divitiis quam in paupertate, cum in hac unum genus virtutis sit non inclinari nec deprimi, in divitiis et temperantia et liberalitas et dispositio et magnificentia campum habeat patentem? (...) Quis porro sapientium (nostrorum dico, quibus unum est bonum virtus) negat etiam haec, quae indifferentia vocamus, habere aliquid in se pretii et alia aliis esse potiora? Quibusdam ex iis tribuitur aliquid honoris, quibusdam multum. Ne erres itaque, inter potiora divitiae sunt. „Quid ergo", inquis, „me derides, cum eundem apud te habeant locum, quem apud me?" Vis scire, quam non eundem habeant locum? Mihi divitiae, si effluxerint, nihil auferent nisi semet ipsas, tu stupebis et videberis tibi sine te relictus, si illae a te recesserint; apud me divitiae aliquem locum habent, apud te summum; ad postremum divitiae meae sunt, tu divitiarum es.

Desine ergo philosophis pecunia interdicere: Nemo sapientiam paupertate damnavit.

respuere: zurückweisen (spucken auf) - **continēre:** einschränken
mātēria *hier:* finanzielle Mittel
sumministrāre: dienen, zur Verfügung stehen - **mātēria** *hier:* Möglichkeit, Mittel - *K.* animum suum explīcandī: *Attr. zu māteria*
hāc: *gemeint ist* paupertās (LW1)
inclīnāre: beugen - **dēprimere:** niederdrücken, entmutigen - **dispositiō, ōnis:** geordnete Lebensführung - **māgnificentia:** Großzügigkeit
nostrī, ōrum: *gemeint sind die Stoiker* - **negāre:** LW14

dērīdēre → rīdēre

K. (dīvitiae) habeant
effluere: hinausfließen, entschwinden - **sēmet** ~ sē - **stupēre:** staunen, betäubt sein
ad postrēmum *hier:* kurz, zusammenfassend

interdīcere (+ Abl.): verbieten
sapientia: LW8 - **paupertās:** LW1

1. Stellen Sie den Gedankengang des Textes dar.
2. Erläutern Sie die sprachlich-stilistische Gestaltung der Z. 15–23 und arbeiten Sie heraus, welches Bild Seneca hier von sich selbst entwirft.
3. Diskutieren Sie Senecas Thesen zum Umgang mit Reichtum im Text und i.
4. Stellen Sie aus den drei Texten aus *De vita beata* (Text 15–17) Kennzeichen zusammen, die die Bezeichnung dieser Schrift als Dialog rechtfertigen.
5. Bewerten Sie die Übersetzung des Abschnitts Z. 1–9 durch Gerhard Fink (→ M; i, S. 37).

i Reichtum in der stoischen Lehre

Der Reichtum zählt – ebenso wie z.B. Schönheit oder Gesundheit – in der Lehre der Stoiker zu den Adiaphora (lat. *indifferentia, fortuita, externa*). Dieser Begriff bedeutet „nicht unterschieden"/ „nicht besonders" und kennzeichnet alles, was nicht als gut oder schlecht beurteilbar, also ethisch neutral ist.

Seneca argumentiert in seinem Dialog *De vita beata* ausführlich, warum Geld Philosophen erlaubt ist:

- Der Weise wird nur Geld besitzen, das auf ehrenhafte und sittlich gute Weise erworben wurde.
- Er wird nicht mit Reichtum prahlen, ihn aber auch nicht verstecken.
- Reichtum wird für ihn nie zu einer Last werden, er ermöglicht ihm eher, sich in Ruhe und ohne Sorgen der Philosophie und dem glücklichen Leben zu widmen.
- Er wird ihn mit Überlegung verschenken und damit Gutes tun und bewirken.
- Er bleibt trotzdem unabhängig vom Reichtum und wird auch zufrieden sein, falls er ihn verliert, und niemals die wirklich wichtigen Dinge aus den Augen verlieren.
- Die Kritiker des Reichtums bei Philosophen suchen Schwächen bei den Weisen, obwohl sie selbst viel größere Schwächen und Probleme haben, um die sie sich eher kümmern sollten.

M Seneca, *De vita beata* 21,4–22,1

Es ist ja nicht so, dass der Weise irgendwelcher Gaben des Glücks unwürdig zu sein glaubt. Er liebt den Reichtum nicht, sondern gibt ihm den Vorzug. Er nimmt ihn nicht in sein Herz, sondern in sein Haus auf, er verschmäht ihn nicht, wenn er ihn besitzt, sondern er behält ihn und lässt es sich gefallen, dass ihm für hohe Leistung größere Mittel zu Gebote stehen.

Was kann es aber für einen Zweifel daran geben, dass ein weiser Mann mehr Möglichkeiten geistiger Entfaltung im Reichtum als in der Armut hat, da es in dieser nur eine Art von Tugend gibt, nämlich die, sich nicht unterkriegen und entmutigen zu lassen, im Reichtum aber Selbstbeherrschung und Freigebigkeit und Umsicht und Ordnungssinn und Großzügigkeit ein weites Betätigungsfeld finden?
(Übers. G. Fink)

4 Existentielle Fragen

4.1 Krankheit und Tod (I)

Anlässlich eines plötzlichen schweren Anfalls einer Krankheit denkt Seneca über seine Haltung zum Tod nach. (*Ep. mor.* 54,1-4a)

W Klären Sie die Bedeutung folgender kleiner Wörter: *adeo, tamen, quasi, satis, valde, diu, saepe, tam, vero.*

G **Medium: reflexive Übersetzung passiver Formen**
Übersetzen Sie: *terrebamur, delector.*

T Stellen Sie ein Sachfeld „Krankheit" aus dem Text zusammen und benennen Sie die beschriebene Krankheit mit ihrem griechischen, auch heute üblichen Namen (→ Z. 5f.).

18 Seneca Lucilio suo salutem

Longum mihi commeatum dederat mala valetudo; repente me invasit. „Quo genere?", inquis. Prorsus merito interrogas: Adeo nullum mihi ignotum est. Uni tamen morbo quasi adsignatus sum, quem quare Graeco nomine appellem nescio; satis enim apte dici suspirium potest. Brevis autem valde et procellae similis est impetus; intra horam fere desinit: Quis enim diu exspirat? Omnia corporis aut incommoda aut pericula per me transierunt; nullum mihi videtur molestius. Quidni? Aliud enim, quidquid est, aegrotare est, hoc animam egerere. Itaque medici hanc „meditationem mortis" vocant; facit enim aliquando spiritus ille, quod saepe conatus est.

Hilarem me putas haec tibi scribere, quia effugi? Tam ridicule facio, si hoc fine quasi bona valetudine delector, quam ille, quisquis vicisse se putat, cum vadimonium distulit. Ego vero in ipsa suffocatione non desii cogitationibus laetis ac fortibus adquiescere. „Quid hoc est?", inquam, „tam saepe mors experitur me? Faciat: Ego illam iam diu expertus sum."

commeātus, ūs m: Urlaub
valētūdō: LW7 - **repente** (Adv.): plötzlich - **prōrsus** (Adv.): völlig, ganz und gar - **meritō:** mit Recht - **morbus:** LW2 - **adsīgnāre:** zuweisen, zuteilen - **quārē appellem nescio:** ich brauche nicht zu nennen
aptus: LW15 - **suspīrium** *hier:* Atemnot - **procella:** Sturm
impetus: LW3 - **intrā:** LW11
ferē: ungefähr - **exspīrāre** *hier:* die Seele aushauchen - **quidnī:** LW2
animam ēgerere: mit dem Tod ringen - **meditātiō, ōnis:** Vorbereitung

hilaris: LW6 - **rīdiculus:** lächerlich
vadimōnium: Prozesstermin
differre, diferō, distulī, dīlātum *hier:* aufschieben - **suffōcātiō, ōnis:** Erstickungsanfall - **laetus:** LW4

experīrī, experior, expertus sum: FW

◆◇ 1. Erläutern Sie, wie die Beschreibung der Krankheit sprachlich-stilistisch gestaltet ist (Z. 2-13, → S. 55f.).

◆◇ 2. Erklären Sie das Gleichnis in Z. 14-16 (→ i, S. 31).

◆ 3. Arbeiten Sie aus Z. 14ff. heraus, in welcher Gefühlslage Seneca sich während dieses schweren Anfalls befand und welche Begründung er dafür gibt. Erläutern Sie in diesem Zusammenhang auch die Funktion der Frage in Z. 14.

4. Stellen Sie Vermutungen an, wie der letzte Satz Senecas gemeint sein könnte: *Ego illam* (*mortem*) *iam diu expertus sum.*

5. Diskutieren Sie ausgehend von den Abbildungen den Umgang mit dem Tod in der heutigen Gesellschaft und vergleichen Sie Senecas Haltung damit.

"It's not that I'm afraid of dying, Doctor....
it's just that I don't want to be there when it happens!"

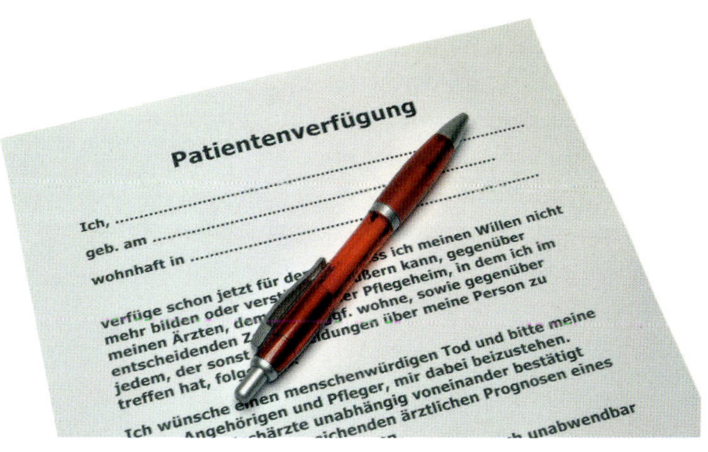

4.1 Krankheit und Tod (2)

Seneca erklärt, mit welchen Gedanken er selbst während dieses bedrohlichen Anfalls Ruhe und Heiterkeit bewahren konnte: Er habe sich gesagt, dass er den Tod schon oft erlebt habe. (*Ep. mor.* 54,4b–7)

W Erschließen Sie die Bedeutung anhand von Fremdwörtern: *effectus, praeparatus, intervallum, retardare, imitari.*

G **„Coniugatio periphrastica" • Konjunktivfunktionen**
Erschließen Sie die Übersetzung der Form, indem Sie zunächst die beiden einzelnen Teile bestimmen: *secutura sit* (Z. 11), *coactura est* (Z. 26).
Ordnen Sie die im Text hervorgehobenen Konjunktivformen zu: indirekte Fragen – Adverbialsätze im Konj. – Potentialis der Gegenwart.

19 „Quando?“, inquis. Antequam nascerer. Mors est non esse. Id quale sit, iam scio: Hoc erit post me, quod ante me fuit. Si quid in hac re tormenti est, necesse est et fuisse, antequam prodiremus in lucem; atqui nullam sensimus tunc vexationem. Rogo: Non stultissimum dicas, si quis existimet lucernae peius esse, cum extincta est, quam antequam accenditur? Nos quoque et extinguimur et accendimur: Medio illo tempore aliquid patimur, utrimque vero alta securitas est. In hoc enim, mi Lucili, nisi fallor, erramus, quod mortem iudicamus sequi, cum illa et praecesserit et secutura sit. Quidquid ante nos fuit, mors est; quid enim refert, non incipias an desinas, cum utriusque rei hic sit effectus, non esse? His et eiusmodi exhortationibus (tacitis scilicet, nam verbis locus non erat) adloqui me non desii; deinde paulatim suspirium illud, quod esse iam anhelitus coeperat, intervalla maiora fecit et retardatum est. At remansit, nec adhuc, quamvis desierit, ex natura fluit spiritus; sentio hesitationem quandam eius et moram. Quomodo volet, dummodo non ex animo suspirem. Hoc tibi de me recipe: Non trepidabo ad extrema, iam praeparatus sum, nihil cogito de die toto. Illum tu lauda et imitare, quem non piget mori, cum iuvet vivere: Quae est enim virtus, cum eiciaris, exire? Tamen est et hic virtus: Eicior quidem, sed tamquam exeam. Et ideo numquam eicitur sapiens, quia eici est inde expelli, unde invitus recedas: Nihil invitus facit sapiens; necessitatem effugit, quia vult, quod coactura est. Vale.

K. antequam (+ Konj.) – **nāscī:** LW7

tormentum: Folter, Qual
necesse est: LW3 – **atquī:** nun aber
vexātiō, ōnis: Qual
exīstimāre: LW2
lucerna: Laterne – **extinguere:** auslöschen – **accendere:** anzünden
utrimque *hier:* vorher und nacher
altus: LW8
errāre: LW17

refert: es ist wichtig, es macht aus
K. refert, (utrum) incipiās an desinās
uterque: LW3 – **exhortātiō, ōnis:** Ermahnung – **tacitus** → tacēre
suspīrium: Atemnot – **anhēlitus, ūs** m: Keuchen

quamvīs: LW3
hēsitātiō, ōnis: Zögern – **mora:** LW2
K. erg. vor quōmodo etwa: „Soll er sich entwickeln" – **dummodo** (+ Konj.): wenn nur – **ex** *hier:* in
suspīrāre: Atemnot leiden – **sibī recipere:** als Information aufnehmen
piget: es verdrießt – **iuvat:** es freut
ēicere: *gemeint ist ē vītā*
tamquam: LW12

1. Erklären Sie die stoische Auffassung vom Tod, wie sie in Z. 1–13 deutlich wird (→ i) und erläutern Sie den Vergleich mit einer Laterne sowie die entsprechende Metaphorik (→ S. 31).
2. Beschreiben Sie die Haltung Senecas zum Tod (Z. 20–26): Erklären Sie in diesem Zusammenhang die Bedeutung der Vokabeln *eicere* und *exire* und erläutern Sie die sprachlich-stilistische Gestaltung der Passage (→ S. 55f.).
3. Vergleichen Sie diese Gedanken zum Tod mit der Passage aus dem ersten Brief (Text 1, Z. 10–15).
4. Diskutieren Sie die stoische und die epikureische Vorstellung vom Tod (→ i) und nehmen Sie aus Ihrer eigenen Sicht Stellung dazu.
5. Darstellungen von Skeletten schmückten antike Häuser und Gebrauchsgegenstände. Diskutieren Sie, welche Haltung zum Tod sich daraus ableiten lässt und inwiefern sie mit Senecas Einstellung übereinstimmt.

i Philosophische Vorstellungen vom Tod

Die Stoiker waren von der Unsterblichkeit der Seele überzeugt: Sie stamme aus dem Urfeuer, dem göttlichen Urprinzip, und gehe nach dem Tod des Körpers schmerzfrei wieder in dieses Urfeuer über.

Die Epikureer waren davon überzeugt, dass sich alles aus Atomen zusammensetze; mit dem Tod zerfalle der Körper wieder in die Atome, und es sei einfach nichts mehr da. Damit sei auch jede Furcht vor dem Tod gebannt, denn vor einem Nichts könne man keine Angst haben. Damit richteten sie sich insbesondere gegen die traditionellen Vorstellungen und die Angst vor einem Unterweltsgericht sowie vor Strafen nach dem Tod.

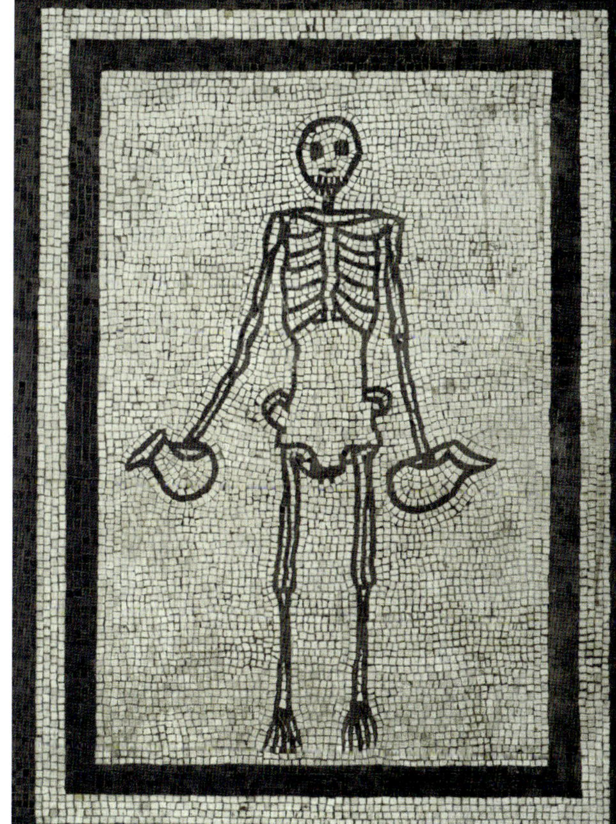

Memento mori: römisches Fußbodenmosaik (1./3. Jh. n. Chr., Pompeji)

4.2 Alter und Tod

Auch angesichts des eigenen Alters stellt Seneca die Frage nach der richtigen Grundeinstellung zum Leben sowie zum Tod. (*Ep. mor.* 61,1–4)

W Untersuchen Sie Z. 7-23 auf Wort-/ Sachfelder und Schlüsselbegriffe (Tod / Leben, freiwillig / unfreiwillig).

T Erschließen Sie aus Z. 2-5 Senecas Haltung zum Alter und benennen Sie dabei Auffälligkeiten in der stilistischen Gestaltung (→ S. 55f.).

G **relativer Satzanschluss • Relativsatz**

Unterscheiden Sie: *Vir, qui aliquid invitus facit, miser est. - Vir aliqui omnia invitus facit. Qui miser est. - Qui aliquid invitus facit, miser est.*

20 Seneca Lucilio suo salutem

Desinamus, quod voluimus, velle. Ego certe id ago, ne senex eadem velim, quae puer volui. In hoc unum eunt dies, in hoc noctes, hoc opus meum est, haec cogitatio, imponere veteribus malis finem. Id ago, ut mihi instar totius vitae dies sit; nec mehercules tamquam ultimum rapio, sed sic illum aspicio, tamquam esse vel ultimus possit. Hoc animo tibi hanc epistulam scribo, tamquam me cum maxime scribentem mors evocatura sit; paratus exire sum, et ideo fruar vita, quia, quam diu futurum hoc sit, non nimis pendeo. Ante senectutem curavi, ut bene viverem, in senectute, ut bene moriar; bene autem mori est libenter mori. Da operam, ne quid umquam invitus facias: Quidquid necesse futurum est repugnanti, id volenti necessitas non est. Ita dico: Qui imperia libens excipit, partem acerbissimam servitutis effugit, facere, quod nolit; non qui iussus aliquid facit, miser est, sed qui invitus facit. Itaque sic animum componamus, ut, quidquid res exiget, id velimus, et in primis, ut finem nostri sine tristitia cogitemus. Ante ad mortem quam ad vitam praeparandi sumus; deesse aliquid nobis videtur et semper videbitur: Ut satis vixerimus, nec anni nec dies faciunt, sed animus. Vixi, Lucili carissime, quantum satis erat; mortem plenus expecto. Vale.

id agere, ut: sich darum bemühen, dass

malum: LW3
īnstar *indekl.* (+ Gen.): gleich wichtig wie – **mehercules:** Beim Herkules! – **tamquam:** LW12
cum maxime scrībēns: gerade beim Schreiben
ēvocāre: aufrufen – **fruī:** LW5
nimis: LW13 – **pendēre** *hier:* zweifeln

libēns: LW3 – **operam dāre:** LW7
invītus: LW19 – **necesse est:** LW3
repūgnāre: Widerstand leisten
necessitās: LW15
excipere: LW3 – **servitūs:** LW6

exigere: LW7
K. ante ... quam: eher ... als

praeparāre: LW9

plēnus *hier:* erfüllt

1. Vergleichen Sie den Beginn dieses Briefes (Z. 1-7) mit den Anfängen der anderen Briefe dieser Ausgabe (z. B. Text 1, 2, 4, 5 und 8) und benennen Sie typische Elemente sowie Unterschiede.
2. Gliedern Sie den vorliegenden Brief.
3. Erläutern Sie, was mit den Begriffen *satis* und *plenus* (Z. 21-23) gemeint ist, und diskutieren Sie diese Haltung zum Leben und zum Tod aus Ihrer Sicht.
4. Lesen Sie den Bericht des Geschichtsschreibers Tacitus über Senecas Tod (*Annalen* 15,60-64) und überprüfen Sie, ob der Philosoph seine eigenen Vorstellungen und die Forderungen seiner Philosophie im Tod erfüllt hat. Vergleichen Sie dazu auch den Tod Senecas mit dem des Sokrates (→ i).
5. Vergleichen Sie Rubens' Gemälde mit der Darstellung des Tacitus und erläutern Sie, wie Rubens Seneca und seinen Tod darstellt.

Der Tod des Sokrates

Der berühmte attische Philosoph Sokrates, der auch von Stoikern immer wieder als Vorbild für den *sapiens* genannt wird (→ Text 3), wurde 399 v. Chr. von den Athenern zum Tode verurteilt. Dieses Todesurteil wurde vollstreckt durch den Schierlingsbecher, also durch ein tödliches Gift. Die gelassene, ja heitere Haltung des Sokrates in seiner Todesstunde, in der er sogar seine Freunde noch tröstet, wird sehr eindrucksvoll von Platon im Dialog *Phaidon* beschrieben.

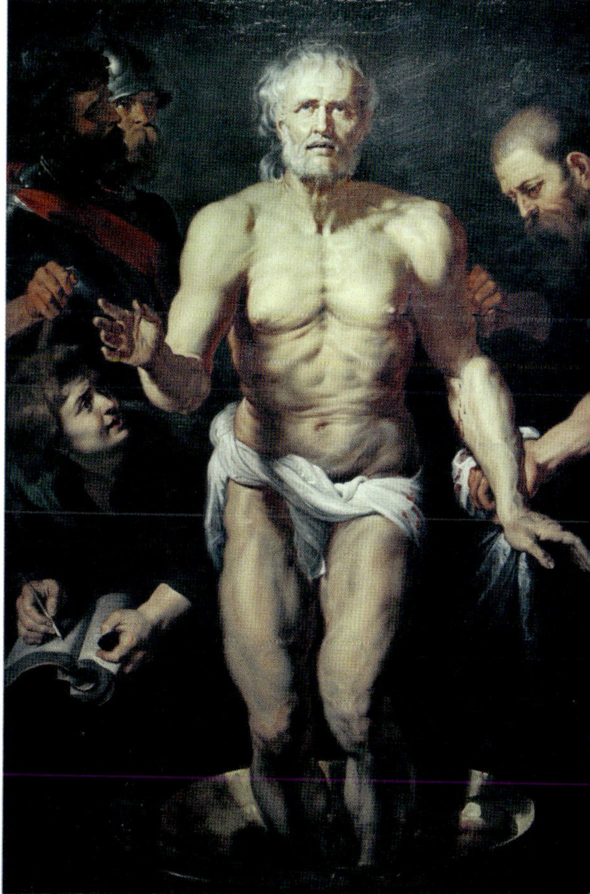

Peter Paul Rubens (1577-1640): Der sterbende Seneca, Alte Pinakothek, München

4.3 Theodizee

Wie kann es sein, dass es Leiden gibt, dass sogar guten Menschen Schlimmes widerfährt, wenn Gott allmächtig und gut ist? (*De prov.* 2,1-6a)

W Suchen Sie mögliche deutsche Wendungen für die substantivierten Adjektive *adversa, externa, incurrentia, dura ac difficilia.*

G **Besonderheiten beim Superlativ**
Übersetzen Sie: *Fortissimus quisque pugnat. Quam fortissime pugnabo.*

T Sammeln Sie aus Z. 1-10 alle Bezeichnungen von Eigenschaften des *vir bonus* und nennen Sie ihre Bedeutung.
Informieren Sie sich vorab über Begriff und Bedeutung der Theodizee (→ i).

21 „Quare multa bonis viris adversa eveniunt?“ Nihil accidere bono viro mali potest: Non miscentur contraria. (...) Adversarum impetus rerum viri fortis non vertit animum: Manet in statu et, quicquid evenit, in suum colorem trahit; est enim omnibus externis potentior. Nec hoc dico. Non sentit illa, sed vincit et, alioqui quietus placidusque, contra incurrentia attollitur. Omnia adversa exercitationes putat.
Quis autem, vir modo et erectus ad honesta, non est laboris appetens iusti et ad officia cum periculo promptus? Cui non industrio otium poena est? Athletas videmus, quibus virium cura est, cum fortissimis quibusque confligere et exigere ab iis, per quos certamini praeparantur, ut totis contra ipsos viribus utantur: Caedi se vexarique patiuntur et, si non invenient singulos pares, pluribus simul obiciuntur.
Marcet sine adversario virtus; tunc apparet, quanta sit quantumque polleat, cum, quid possit, patientia ostendit. Scias licet idem viris bonis esse faciendum, ut dura ac difficilia non reformident nec de fato querantur, quicquid accidit, boni consulant, in bonum vertant.
Non quid, sed quemadmodum feras, interest. Non vides, quanto aliter patres, aliter matres indulgeant? Illi excitari iubent liberos ad studia obeunda mature, feriatis quoque diebus non patiuntur esse otiosos et sudorem illis et interdum lacrimas excutiunt; at matres fovere in sinu, continere in umbra volunt, numquam contristari, numquam flere, numquam laborare. Patrium deus habet adversus bonos viros animum et illos fortiter amat et: „Operibus“, inquit, „doloribus, damnis exagitentur, ut verum colligant robur.“

adversa: LW12 - *K.* Nihil malī bonō virō accidere potest - *K.* Impetus rerum adversārum animum viri fortis non vertit. - **malum:** LW3 **contrārius:** LW15 - **impetus:** LW3 **status, ūs:** FW - **in suum colōrem trahere:** sein eigenes Gepräge geben - **aliōquī:** sonst - **quiētus:** LW7 - **placidus:** LW12 - **attollī:** sich erheben - **exercitātiō, ōnis** → exercēre - *K.* (sī) modo vir (est) et ērēctus (est) ad ... - **ērēctus ad** *hier:* orientiert an - **appetēns esse** + Gen. ~ appetere - **prōmptus ad:** bereit zu **industrius:** fleißig - **āthlēta, ae** m: FW - **cōnflīgere:** kämpfen **exigere:** LW7 - **praeparāre** (+ Dat.) *hier:* vorbereiten für, trainieren für **caedere** *hier:* schlagen **pār, paris** *hier:* ebenbürtiger Gegner **obicī** *hier:* sich entgegenwerfen, sich messen mit - **marcēre:** schlaff sein **pollēre:** vermögen, stark sein **ostendere:** LW6 - *K.* licet + Konj. **reformīdāre:** fürchten, zurückschaudern vor - **bonī cōnsulere:** gutheißen, sich zufrieden geben mit interest: LW4 - **indulgēre:** nachsichtig sein - **excitāre:** anregen, *hier* auch: wecken - **mātūrus** *hier:* früh - **fēriātus dies:** Feiertag **ōtiōsus** → ōtium - **sūdor, ōris:** Schweiß - **excutere:** „ausschütteln“, abfordern - **fovēre:** hegen, liebkosen **sinus, ūs** *hier:* Schoß - **umbra:** Schatten - **contrīstārī:** betrübt sein **patrius, a, um** → pater - **adversus:** LW9 - **exagitāre:** aufjagen, erregen **rōbur, oris** n: Stärke

1. Arbeiten Sie heraus, wie Seneca die Frage nach der Theodizee (→ i) angeht (Z. 1–10a).
2. Erläutern Sie, wie er das Verhalten von Athleten (Z. 10bff.) für seine Argumentation einsetzt.
3. Beschreiben Sie das von Seneca dargestellte unterschiedliche Verhalten von Vätern und Müttern. Weisen Sie am Text nach, welcher Seite seine Sympathie gilt.
4. Ein Standardspruch von Führungskräften aus der Wirtschaft lautet: "It´s not a problem, it´s a challenge." Belegen Sie, wo diese Sentenz bei Seneca vorgeprägt ist.
5. a) Informieren Sie sich über Hiob und arbeiten Sie heraus, wie seine Haltung im Bild verdeutlicht wird.
   b) Diskutieren Sie auf dieser Grundlage, inwiefern in seiner Person die Frage der Theodizee repräsentiert ist, und vergleichen Sie seine Position zur Theodizee mit der Senecas.

i Theodizee

Theodizee (zusammengesetzt aus *theos* (griech.: Gott) und *dike* (griech.: Recht)) ist die Frage nach der Rechtfertigung Gottes angesichts der unzähligen Leiden in der Welt. Dieser Zweifel an Gottes Allgüte, Allwissenheit und Allmacht kann in letzter Konsequenz zu einer atheistischen/agnostischen Haltung führen.

Léon Bonnat (1833–1922): Hiob, Bayonne, Musée Bonnat

5 So Alltägliches bei einem Philosophen!?

Seneca befasst sich im folgenden Brief mit der Frage, ob körperliche oder geistige Fitness höher zu bewerten ist. (*Ep. mor.* 15,2-3a)

W Sammeln und ordnen Sie Begriffe aus dem Sachfeld „Training / Körper".

T Erschließen Sie aufgrund der Wortwahl, welche Haltung Seneca zum Bodybuilding einnimmt.

22 Ergo hanc praecipue valetudinem cura, deinde et illam secundam, quae non magno tibi constabit, si volueris bene valere. Stulta est enim, mi Lucili, et minime conveniens litterato viro occupatio exercendi lacertos et dilatandi cervicem ac latera firmandi: Cum tibi feliciter sagina cesserit et tori creverint, nec vires umquam optimi bovis nec pondus aequabis. Adice nunc, quod maiore corporis sarcina animus eliditur et minus agilis est. Itaque quantum potes, circumscribe corpus tuum et animo locum laxa. Multa secuntur incommoda huic deditos curae: Primum exercitationes, quarum labor spiritum exhaurit et inhabilem intentioni ac studiis acrioribus reddit, deinde copia ciborum subtilitas inpeditur.

hanc: *gemeint ist die geistige Fitness* – **praecipuus:** LW2
valētūdō: LW7 – **māgnō cōnstāre:** viel kosten – **convenīre** *hier:* passen
occupātiō, ōnis: Beschäftigung
lacertus: Arm – **dīlātāre:** verbreitern, ausdehnen – **cervīx, īcis:** Nacken
latus, eris: Seite, Flanke – **fēlīx:** LW12 – **sagīna:** Mast, Diät – **torus** *hier:* Muskelpaket – **bōs, bovis:** Stier
pondus, eris: Gewicht – **aequāre:** erreichen – **adicere:** LW15 – **sarcina:** Masse – **ēlīdere:** abtöten, zerstören
agilis, e: beweglich – **circumscribere** *hier:* einschränken – **laxāre:** erweitern – **secuntur** ~ sequuntur
incommodum: LW18 – *K.* (hominēs) huic cūrae dēditōs – **exhaurīre** *hier:* erschöpfen – **inhabilis, e** (+ Dat.): untauglich für – **intentiō, ōnis:** Anspannung – **subtīlitās, ātis:** Scharfsinn – **impedīre:** LW7

Man soll leichte und kurze Körperübungen zur Entspannung machen, aber vor allem den Geist üben.

1. Beschreiben Sie Senecas Haltung zur körperlichen Ertüchtigung an sich und zum Muskelaufbau und belegen Sie Ihre Aussagen am Text.
2. Nehmen Sie begründet zu der Frage Stellung, ob die Beschäftigung mit einem Thema wie Bodybuilding zu einem Philosophen wie Seneca passt.
3. Recherchieren Sie zu Sport in der Antike, insbesondere zum Berufssportlertum und zur Schwerathletik, und stellen Sie Ihre Ergebnisse in einem Kurzreferat vor.

Philosophische Grundbegriffe der Stoa	
fātum	Schicksal, Fügung
rēctor, ōris m	Lenker, Leiter
ratio, ōnis f	Vernunft, Überlegung
spīritus, ūs m	Geist; Atem, Hauch; Leben
animal, ālis n	Lebewesen
ratiōnālis, e	vernunftbegabt, vernünftig
proprius, a, um	eigen, eigentümlich
proprium	besondere Eigenschaft, Charakteristikum
beātus, a, um	glücklich, glückselig
secundum nātūram	gemäß der Natur
honestus, a, um	sittlich gut
honestum	das sittlich Gute
sapiēns, entis	weise; *Subst.*: der Weise
vitium	Fehler, Laster
immōtus, a, um	unbeweglich, unerschütterlich
officium	Dienst, Pflicht

LW 1	
turpis, e	hässlich, schändlich
neglegentia	Vernachlässigung, Nachlässigkeit
aestimāre	schätzen, meinen
aliēnus, a, um	fremd
stultitia	Dummheit
vīlis, e	wertlos, billig; nichtig, unwichtig
inpetrāre	erreichen, durchsetzen
praecipere, -cipiō, -cēpi, -ceptum	vorschreiben
lūxuriōsus, a, um	genusssüchtig; ausschweifend, üppig
paupertās, ātis f	Armut

LW 2	
vītāre	vermeiden
praecipuus, a, um	außerordentlich, besonders
exīstimāre	glauben, meinen, halten für
turba	Menschenmenge; Verwirrung, Getümmel
inbēcillitās, ātis f	Schwäche
turbāre	durcheinanderbringen, verwirren
aeger, gra, grum	krank
morbus	Krankheit
voluptās, ātis f	Vergnügen, Freude; Lust
avārus, a, um	habgierig
ambitiōsus, a, um	ehrgeizig
immō (vērō)	vielmehr; im Gegenteil
incidere, incidō, incidī	geraten in
adquiēscere, -quiescō, -quiēvi	ausruhen, ruhig werden
misericordia	Mitleid
omittere, omittō, omisī, omissum	loslassen, aufgeben; auslassen
quidnī	warum nicht
mora	Verzögerung, Zögern
exitus, ūs m	Ausgang, Ende; Tod

LW 3	
audāx, ācis	kühn, wagemutig
libēns, entis	gerne, bereitwillig
excipere, -cipiō, -cēpi, -ceptum	aufnehmen, bekommen
parum Adv.	zu wenig
rēctus, a, um	aufrecht, gerade; richtig
impetus, ūs m	Schwung; Angriff, Ansturm (eines Affektes)
lūxuria	Genusssucht, Ausschweifung
avāritia	Habgier
malum	Übel
quamvīs	bei einem Adj: noch so; im NS + Konj.: obwohl, obgleich
simplex, icis	einfach, schlicht
necesse est (+ Konj. / Infinitivkonstruktion)	es ist nötig, man muss
odisse, ōdī	hassen
uterque, utraque, utrumque	jeder (von zweien), beide

LW 4	
contingere, -tingō, -tigī	gelingen
dīversus, a, um	verschieden, entgegengesetzt

prōficere, -ficiō, -fēcī, -fectum	Fortschritte machen
nocēre, noceō, nocuī	schaden
laetus, a, um	fröhlich, froh
levis, e	leicht
vīvus, a, um	lebendig, lebhaft
quotiēns	wie oft, sooft
voluntās, ātis f	Wille, Absicht
perficere, -ficiō, -fēcī, -fectum, PPP perfēctus, a, um	vollenden, vervollkommnen; vollkommen
interest (unpers.)	es gibt / macht einen Unterschied, es ist wichtig

LW 5	
familiāris, e	vertraut; zur Familie gehörend
prūdentia	Klugheit
ēruditiō, ōnis f	Erziehung, Bildung
orīrī, orior, ortus sum	entstehen
fruī, fruor, frūctus sum (+ Abl.)	genießen
caelum	Himmel
aequus a, um	gleich; eben; gerecht
custōs, ōdis m	Wächter
contemnere, -temnō, -tempsī, -temptum	verachten
usus, ūs m	Gebrauch; Nutzen
disputāre dē	erörtern, diskutieren
praeceptum (→ praecipere: LW1)	Vorschrift, Lehre
superior, ius	oberhalb gelegen, höher (gestellt)

LW 6	
servīre	Sklave sein, dienen
clēmēns, entis	gütig, milde
cōmis, e	freundlich, heiter
humilis, e	niedrig, gering
dēprehendere, -prehendō, -prehendī, -prehēnsum	ergreifen; ertappen
fortāsse	vielleicht
ostendere, ostendō, ostendī, ostentum	zeigen
libīdō, inis f	Verlangen, (sexuelle) Lust
servitūs, ūtis f	Sklaverei
est, quod (+ Konj.)	es gibt einen Grund
hilaris, e	heiter
potius Adv.	lieber, eher

LW 7	
Stōicus, a, um	stoisch; Subst.: Stoiker
Epicūrēus, a, um	epikureisch; Subst.: Epikureer
prōpositum	Vorsatz, Ziel
(bona, mala) valētudō, inis f	Gesundheit, Krankheit
impedīre, impediō	hindern
nītī, nitor, nīsus/ nīxus sum	sich anstrengen, sich stützen
quiētus, a, um	ruhig
tempestās, ātis f	Sturm
exigere, -igō, -ēgī, -actum	fordern
commūnis, e	gemeinsam
merērī, mereor, meritus sum (und merēre)	verdienen, sich verdient machen
condiciō, ōnis f	Bedingung, Lage
nāscī, nāscor, nātus sum	geboren werden
operam dāre	sich Mühe geben
continēre, -tineō, -tinuī	festhalten, zusammenhalten, umfassen
pertinēre, -tineō, -tinuī ad	sich beziehen auf

LW 8	
tolerābilis, e	erträglich
sapientia	Weisheit
firmāre	kräftigen, festigen, bestätigen
altus, a, um	hoch, tief
prōpōnere, -ponō, -posuī, -positum	vorlegen; sich vornehmen
persevērāre	beharrlich sein, fortfahren
bona mēns, mentis f.	sittlich gute Geisteshaltung
mihī opus est (+ Abl.)	ich habe nötig

fingere, fingō, finxī, fictum	bilden, erdichten, erfinden
observāre	beobachten; (Regeln u.ä.) einhalten
intrepidus	furchtlos
sēcūrus, a, um	sicher, sorglos, ruhig

LW 9	
cāsus, ūs m	Zufall, Fall, Unglück
praeparāre	vorbereiten
adversus (+ Akk.)	gegen
ūniversum	Weltall
adhortārī	ermahnen, auffordern
prōvidentia	Vorsehung
subitus, a, um	plötzlich
revertī, revertor, revertī	zurückkehren
habitus, ūs m	Haltung

LW 10	
līberālis, e	freigebig, großzügig
pauper, eris	arm, mittellos
exiguus, a, um	klein, gering
dēsīderāre	wünschen, ersehnen
immēnsus, a, um	unermesslich, unendlich (groß)
dēsīderium	Verlangen, Sehnsucht, Wunsch
falsus, a, um	falsch
vānus, a, um	belanglos, gleichgültig
cōnsīderāre	erwägen, betrachten

LW 11	
simulācrum	(Götter)standbild
intrā (+ Akk.)	innerhalb
tractāre	behandeln
māgnificus, a, um	großartig, prachtvoll
dēnsus, a, um	dicht
continuus, a, um	ununterbrochen
venerārī	verehren
āra	Altar
fōns, fontis f	Quelle

LW 12	
adversa, ōrum n Pl.	Unglück
fēlīx, īcis	glücklich
placidus, a, um	still, gelassen, sanft
dīvīnus, a, um	göttlich
excellere, excellō	herausragen, hervorragen
excelsus, a, um	hervorragend; erhaben
moderātus, a, um	maßvoll, bescheiden
tamquam	gleichsam; als ob
caelestis, e	himmlisch
dēmēns, entis	wahnsinnig

LW 13	
modicus, a, um	maßvoll, gemäßigt
adfectus, ūs m	Gefühl, Emotion, Affekt
temperāre	mäßigen
necessārius, a, um	notwendig, nötig
lātus, a, um	weit, breit
inbēcillus, a, um	schwach
prīncipium	Anfang
nimium; nimis Adv.	zu sehr

LW 14	
sollicitus, a, um	beunruhigt, besorgt
regredī, regredior, regressus sum	zurückgehen, umkehren
certāre	kämpfen, streiten
conscius, a, um	bewusst
īnfīrmus, a, um	schwach
temperātus, a, um	gemäßigt
negāre	nein sagen, bestreiten; *hier* verweigern, verbieten

LW 15	
cōnsequī, -sequor, -secūtus sum	erreichen, erlangen
contrārius, a, um	entgegengesetzt, gegensätzlich, feindlich
contrārium	Gegenteil
sānus, a, um	gesund, heil, vernünftig

adicere, -iciō, -iēcī, -iectum	hinzufügen
perpetuus, a, um	andauernd, ununterbrochen
aptus, a, um	passend, geeignet
flāgitium	Verbrechen, Schändlichkeit
concordia	Eintracht, Einklang, Harmonie

LW 16	
cūria	Kurie (Senatsgebäude auf dem Forum)
mollis, e	weich, mild
ōdium	Hass
ex(s)tinguere, -tinguō, -tinxī, -tinctum	auslöschen, tilgen
implēre, -pleō, -plēvī, -plētum	anfüllen, erfüllen
tam ... quam	so... wie, sowohl ... als auch
dēdecus, oris n	Schande, Schmach
ēgregius, a, um	hervorragend, ausgezeichnet

LW 17	
fortuītus, a, um	zufällig
explicāre	erörtern, entfalten
temperantia	Mäßigung, Selbstbeherrschung
līberālitās, ātis f	Freigebigkeit, Großzügigkeit
campus	Feld
patēre	offen stehen, offenbar/klar sein
porrō	ferner
indifferēns, entis	nicht unterschieden, gleichgültig, nicht gut und nicht schlecht
potior, ius	vorzüglicher, wichtiger (*vgl.* potius)
tribuere, tribuō, tribuī, tribūtum	zuweisen, zuteilen
errāre	irren
damnāre	verurteilen

LW 18	
Graecus, a, um	griechisch
incommodus, a, um	unangenehm
incommodum	Unannehmlichkeit
molestus, a, um	lästig
aegrōtāre	krank sein
conārī	versuchen

LW 19	
sēcūritās, ātis f	Sicherheit, Sorglosigkeit
eiusmodī (eius modī)	derartig
trepidāre	zittern, sich ängstigen
extrēmus, a, um	der äußerste, letzte
ēicere, -iciō, -iēcī, -iectum	hinauswerfen, vertreiben
invītus, a, um	unfreiwillig, gegen den Willen
necessitās, ātis f	Notwendigkeit, Zwang

LW 20	
rapere	wegführen, wegreißen, *hier:* an sich reißen
senectūs, ūtis f	(hohes) Alter
acerbus, a, um	bitter
in prīmīs, imprīmīs Adv.	besonders
trīstitia	Traurigkeit

LW 21	
externus, a, um	äußerlich
certāmen, inis n	Kampf, Wettstreit
vexāre	quälen
adversārius	Gegner
patientia	Geduld, Ausdauer
querī, queror, questus sum	klagen, beklagen
flēre, fleō, flēvī, flētum	weinen
damnum	Schaden, Verlust

LW 22	
litterātus, a, um	literarisch gebildet

Auf die Definition der Stilmittel folgt die Darstellung ihrer Aussagefunktionen. Diese Beschreibungen intendierter Wirkungen verstehen sich als exemplarische und verallgemeinernde Anregungen – die tatsächliche Wirkabsicht eines Stilmittels ergibt sich aus dem jeweiligen Sinnzusammenhang.

Alliteration	Wiederholung des Anlauts bei aufeinander folgenden Wörtern → Betonung inhaltlich zusammenhängender Wörter oder eines bestimmten Wortes / Aspektes durch akustischen Reiz	*aliquid vivae voluptatis* (T 4, Z. 16)
Anapher	unveränderte Wiederholung eines Wortes bzw. einer Wortgruppe am Anfang von Sätzen oder Satzteilen → Verdeutlichung, Gedankenführung	***Quaedam** tempora eripiuntur nobis, **quaedam** subducuntur, **quaedam** effluunt.* (T 1, Z. 4f.)
Antithese	wichtige Wörter oder Wortgruppen werden als Gegensatz einander gegenübergestellt → Verdeutlichung und scharfe Charakterisierung wesentlicher Begriffe bzw. Themen	*amicitia semper prodest, amor aliquando etiam nocet* (T 4, Z. 7f.)
Asyndeton	unverbundene Reihung von Wörtern, Satzteilen oder ganzen Sätzen, die nur durch ein Komma getrennt aneinandergefügt werden → „Einhämmerung", Betonung der Vielzahl von Möglichkeiten	*Quaedam tempora eripiuntur nobis, quaedam subducuntur, quaedam effluunt.* (T 1, Z. 4f.)
Chiasmus	einander entsprechende Wörter oder Wortgruppen sind in Über-Kreuz-Stellung spiegelbildlich angeordnet, oft verbunden mit einer Antithese → Betonung eines Gegensatzes durch direkte Gegenüber- bzw. Randstellung der aufeinander bezogenen Kontrastbegriffe	*Qui amicus est* (A), *amat* (B)*; qui amat* (B), *non utique amicus est* (A). (T 4, Z. 6f.) *Haec docebit, ut deum* (A) *sequaris* (B), *feras* (B) *casum* (A). (T 9, Z. 12f.)
Ellipse	Auslassung eines vom Sinn her selbstverständlichen und somit leicht zu ergänzenden Wortes → Prägnanz, Tempo, Dynamik	*Immo dissimilia (sunt).* (T 4, Z. 5f.)
Exclamatio	Ausruf → emphatische Betonung	*mehercules* (T 14, Z. 26)
Gleichnis	ausführlicher Vergleich → Vergegenwärtigung; Verständnishilfe (→ i, S. 31)	*Quod aegris evenit, quos longa inbecillitas usque eo adfecit, ut nusquam sine offensa proferantur, hoc accidit nobis, quorum animi ex longo morbo reficiuntur.* (T 2, Z. 6ff.)
Hyperbaton	grammatisch zusammengehörige Wörter sind durch einen Einschub getrennt → besondere Betonung der einrahmenden oder eingerahmten Wörter; gedankliche Klammer	*victorem in aliam detinent caedem* (T 2, Z. 27f.) *uno nos animo* (T 4, Z. 10f.)
Hyperbel	Übertreibung → Intensivierung, Hervorhebung; oft ironisch	*spectatoribus suis obiciuntur* (T 2, Z. 26)
Ironie	„Verstellung": das Gemeinte tritt im Gewand des Gegenteils auf → Witz, Verspottung	*Contemne nunc eius fortunae hominem, in quam ... transire potes.* (T 5, Z. 16f.)

Klimax	stufenweise Steigerung, meist in Dreierformel → starke Betonung v.a. des letzten Begriffs	*superbissimi, crudelissimi, contumeliosissimi* (T 5, 19f.)
Litotes	Umschreibung eines positiven Begriffes durch die Negation des Gegenteils → Verstärkung	*nemo non* (T 2, Z. 9)
Metapher	übertragene, meist bildhafte Verwendung eines Begriffes → Veranschaulichung, Konkretisierung, Präzisierung	*nobis vitium ... imprimit aut ... adlinit* (T 2, Z. 9f.) *inhumanior, quia inter homines fui* (T 2, Z. 16)
Paradoxon	scheinbarer Widerspruch → Hervorhebung, Betonung	*quaedam subducuntur, quaedam effluunt* (T 1, Z. 5)
Parallelismus	parallele Abfolge von Wortgruppen → Hervorhebung gegenübergestellter Begriffe, oft in linearem Gedankengang, teils antithetisch	*Aliquid ex eo, quod composui, turbavi; aliquid ex iis, quae fugavi, redit.* (T 2, Z. 4ff.)
Polyptoton	Wiederholung desselben Wortes in anderer Flexionsform → Betonung	*Non possum dicere nihil perdere, sed quid perdam ..., dicam.* (T 1, Z. 25f.)
Polysyndeton	Reihung von Wörtern, Satzteilen oder ganzen Sätzen, die durch besonders viele beiordnende Konjunktionen verbunden sind → „Einhämmerung", Betonung der Vielzahl von Möglichkeiten	*Tempus ... aut auferebatur aut subripiebatur aut excidebat.* (T 1, Z. 2f.)
Rhetorische Frage	Frage, die eine Aussage enthält und auf die daher keine Antwort erwartet wird → Einbezug des Adressaten, teils lenkend, manipulativ	*Quem mihi dabis, qui ...?* (T 1, Z. 9f.)
Trikolon	Dreigliedrigkeit, oft verbunden mit Klimax und Asyndeton → emphatische Verstärkung	***Quaedam** tempora eripiuntur nobis, **quaedam** subducuntur, **quaedam** effluunt.* (T 1, Z. 4f.)